勘定科目統一の実務

KPMG／あずさ監査法人
アカウンティングアドバイザリーサービス――［編］

中央経済社

はじめに

本書は，グループの勘定科目統一を目指す企業のご担当者にとって，検討の手がかりとなるよう，その考え方や進め方のポイントをまとめたものである。

多くの日本企業が成長市場を求めて海外進出に積極的に取り組んでいる。それに伴い，現地法人設立やM&Aにより海外子会社数が増加し，グループにおける子会社の重要性が高まっている。日本企業ではこれまで子会社の経営上の自治を尊重するケースが多く見られたが，事業上の子会社の重要性が高まる中，また，海外子会社における会計不正などが頻発する中，グループとしての企業価値向上とその毀損防止のために，子会社運営を自治型から統治型へとシフトする必要性に迫られている。すなわち，日本企業はグループ経営管理の強化を真剣に考えなければならない状況となっている。

グループ経営管理強化のためには，意思決定の基礎情報としての会計情報の質の向上が重要となる。勘定科目は会計情報の最も重要な項目の１つであり，グループ全体で会計情報の均質化を図って，その質を高めるためには，本書で取り扱う勘定科目の統一は必須の取組みとなる。しかし，多くの日本企業ではグループ会社の勘定科目体系を各社の判断に委ねてきており，結果，各社の勘定科目体系は不統一な状態になっていることが多い。

勘定科目統一というと，すべてのグループ会社の勘定科目を完全に統一することを想起される方が多いかもしれない。もちろんすべてのグループ会社の勘定科目を完全に統一することは，本書のテーマである勘定科目統一の最も徹底した方法ではあるが，唯一の解ではない。実務上はむしろそのような姿を目指すのは稀である。勘定科目統一は，グループ経営管理強化（目的）の手段であり，目的に応じた範囲や方法で行うべきものである。

子会社業績情報の均質化やグループ経理財務業務の標準化など，勘定科目統一の目的は，いずれもグループ各社側のニーズに基づくものではなく，もっぱらグループとして目指すものとして設定されるものである。一方で，勘定科目の統一の取組みは，グループ各社にとって個社最適化された現状からの変更という負担を伴うものとなる。ここに勘定科目統一の取組みの難しさがある。グループ各社の納得を得てグループ統一の勘定科目体系を整備するのは，多大な労力と根気がいる作業である。本書は勘定科目統一の考え方（理屈）だけではなく，実務上の留意点や実際の進め方などにも可能な限り触れるように試みた。本書が勘定科目統一を推進する際の参考となり，読者の所属する企業グループのグループ経営管理基盤の強化の取組みにつながれば幸いである。

本書は6つの章で構成している。本書の内容をご理解いただくにあたり，必ずしも最初から最後まで通して読まれる必要はない。以下を参考に，読者の置かれている状況に応じて関連する章を読んでいただければ幸いである。

第1章は，「勘定科目統一が求められる背景」として，日本企業にとってグループ経営管理の強化や財務経理業務の効率化がこれまで以上に重要であり，勘定科目統一はそれらを実現するための重要な取組みの1つであることを説明する。

第2章は，「勘定科目統一の意義」として，本書における勘定科目統一の定義を説明する。また，勘定科目の統一は，グループ経営管理強化や財務経理業務の効率化のためのさまざまな取組みの中で検討するものであり，取組みの目的に照らして統一範囲（対象会社，統一階層）を決定する必要がある点を説明する。

第3章は，「統一勘定科目体系の策定のポイント」として，グループ各社が共通して利用する統一勘定科目体系の策定時の留意事項と，検討のポイントを整理する。

第4章は，「勘定科目統一のシステム対応のポイント」である。勘定科目統一の際にシステム対応の検討は不可欠である。本書ではシステム対応の検討の際にどのような点に留意すべきかを説明する。

第５章は，「勘定科目統一の進め方のポイント」である。勘定科目統一を検討する際の推進体制，検討ステップと各ステップでの留意点，システム構築プロジェクトとの関係などについて説明する。

第６章は，「勘定科目統一のケーススタディ」である。勘定科目統一を実際に検討した事例を通じて，具体的な統一勘定科目体系や業務・システム整備の特徴について説明する。

本書の出版にあたり，中央経済社の坂部秀治編集長には，本書の構成から細部に至るまでご助言をいただいている。この場を借りて，改めてお礼を申し上げたい。

2019年６月

有限責任 あずさ監査法人　常務執行理事

アカウンティング・アドバイザリー・サービス事業部長

足立　純一

CONTENTS

第 1 章

勘定科目統一が求められる背景

◆本章のポイント◆

- 近年，日本企業における海外事業・海外子会社の重要性が高まっている。従来，多くの日本企業は，子会社の自治を尊重し，主として個社の単体決算情報を中心として経営管理を行ってきたが，子会社の重要性が高まる中，連結決算情報を中心に据えたグループ経営管理の強化が一層必要となっている。
- 日本企業は，海外進出の手段としてM&Aを増加させている。グループ経営管理の強化には，買収した企業を迅速に自社のグループ経営の仕組みに取り込むための基盤作りとしての意義もある。
- グループ経営管理の実効性を高めるためには，意思決定の基礎情報としての会計情報の質の向上が必要となる。勘定科目は会計情報の中で最も重要な要素の１つであり，勘定科目統一はグループ経営管理強化のための必須の取組みとなる。
- 財務経理業務について，取引の処理といった定型的で付加価値を生まない業務を可能な限り効率化し，経営者の意思決定のサポートといった付加価値の高い業務へシフトすることが一般的になっている。勘定科目統一は，グループの財務経理業務の品質を担保しながら効率化を実現するために必要となる業務標準化の前提となる。

第1節　日本企業のグループ経営の現状と課題

(1)　日本企業のグローバル化の進展

日本企業を取り巻く経営環境は，近年大きく変化している。特に，少子高齢化や市場成熟に伴う国内市場の縮小観測から，日本企業は海外に成長市場を求めて，M&A，現地法人の設立などによる海外進出をますます活発化させている。これは大企業のみに当てはまる話ではなく，従来は国内市場を主戦場としていた中堅企業や中小企業も，成長と生き残りをかけて海外進出を加速させている（図表1-1）。

【図表1-1】日本企業のグローバル化の進展

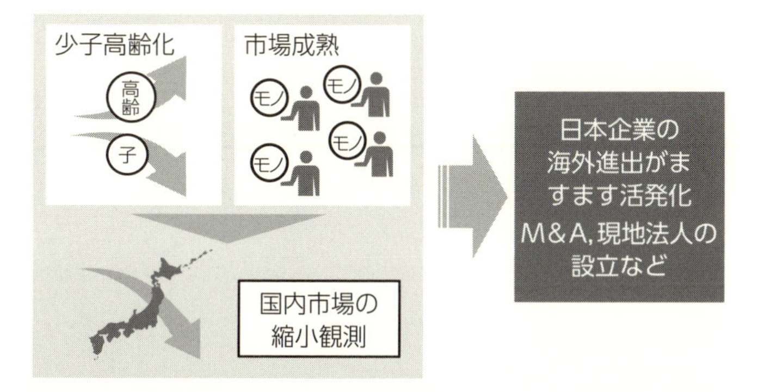

日本企業の対外直接投資は，2009年のリーマンショック時の一時的な落ち込みを除き，右肩上がりで増加しており，2016年には20兆円規模となった。それに伴い，在外子会社・関連会社数は2016年には4万5,000社を超える水準となり，2000年初頭の2倍以上の数となっている（図表1-2）。このことは，ますます多くの日本企業がグローバルな視点で市場戦略を策定し，グローバルに最適なサプライチェーンを構築して，グローバルに展開される企業間競争に勝ち抜くことが求められる状況にあることを示している。

【図表1－2】日本企業の海外進出の状況

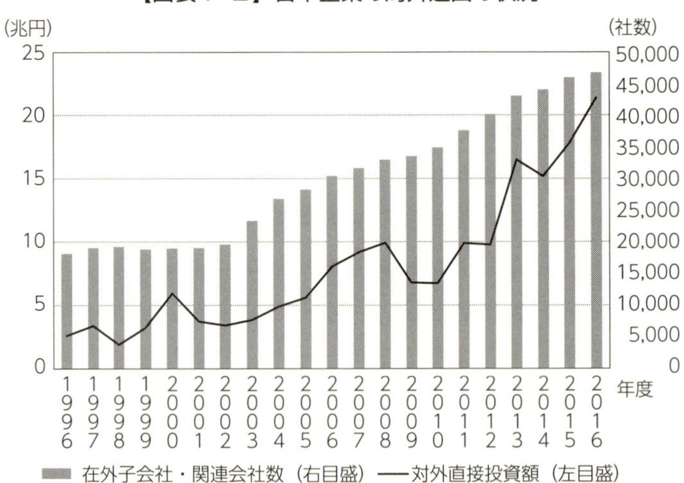

（出所）財務省「対外・対内直接投資の推移（国際収支マニュアル第６版準拠）」，経済産業省「平成９～29年企業活動基本調査結果」をもとに筆者作成

⑵　日本企業のグループ経営の現状

①　日本企業のグループ経営の特徴

多くの日本企業は，市場のグローバル化が進展する中，製品・サービスの品質，すなわち技術力で市場におけるプレゼンスを発揮してきた。一方で，グローバル競争を勝ち抜くための経営の品質，すなわちマネジメント力については，欧米型のグローバル企業の後塵を拝してきたといわざるを得ない。

多くの日本企業では，親会社は国内事業に注力しつつ，海外市場で事業を行う子会社に対して自治を尊重する経営を続けてきた。したがって，会社ごとの意思決定を支える仕組みが重視され，グループとして全体最適の意思決定を行うための仕組みが十分に構築されていないケースが多い。例えば，海外子会社からタイムリーに経営情報を吸い上げる情報基盤，それらの情報をもとにグループ最適な意思決定を行うマネジメント・プロセス，グローバルなコミュニケーション力を備えた人材など，グローバルで競争を勝ち抜くための経営管理基盤が脆弱といわざるを得ない。

さらには，子会社自治の尊重が行き過ぎて「放任」に近い形となってしまい，子会社へのガバナンスやグループ全体に及ぶ内部統制が十分でないことに起因する子会社での不祥事の発生は跡を絶たない。法規制，文化，商慣習などが異なる海外で事業を拡大するに際し，グループ全体で抱えるリスクを把握し，適切なリスクコントロールをグループの末端に至るまで徹底させるための経営管理基盤の構築が急務となっている。

②　日本企業と欧米グローバル企業のグループ経営の違い

一方で，欧米のグローバル企業は，本社が所在する国の市場を特別視しておらず，そもそもグローバルな市場をターゲットとしていることが特徴であり，グループ全体最適の意思決定をスピーディーに行うため，グループ全体をあたかも１つの会社のようにマネジメントする体制を構築してきている（**図表１-３**）。法人格の単位である子会社は，企業グループを構成する単位ではあるが，グループ経営の観点からは重要な意味を持つ単位ではないケースが多い。ある子会社がグループ経営上，どのように扱われるかは，その子会社の事業戦略上の位置付けによる。例えば，製品セグメントによる連結事業部制を採用している場合において，グループ経営の観点で，複数事業に跨る海外販売子会社が会社単位で意識されることはあまりないと考えられる。

【図表１-３】日本企業と欧米企業のグループ経営の特徴

日本企業のグループ経営	欧米企業（グローバル企業）のグループ経営
・グループは会社の集合体であり，各社は自立が基本 ・子会社の自治を尊重（「放任」のケースも） ・子会社は，会社としての管理機能を独自に整備する	・グループ全体最適を志向 ・グループ全体を１つの会社として運営 ・子会社のための管理機能はグループで共通的に整備する

グループ各社を尊重	グループ全体を統制

もちろん子会社は，所在地国それぞれで法規制の適用を受けるため，各社にてその対応が必要となるし，子会社の運営に必要な財務・経理，人事，総務といった管理機能も持つ。しかし，それらの機能は子会社がそれぞれ独自に整備するのではなく，グループ本社が子会社の運営に必要な機能を定義し，その機能を担う組織，ルール，業務プロセス，情報システムといった基盤を共通的に整備して子会社に利用させ，法規制対応を中心とする現地固有のニーズのみ子会社で対応させるのが一般的である。そうすることが全体最適の観点で効率的であるし，グループ全体を１つの会社のようにマネジメントするグローバル企業においてはそのほうが自然なのである。BRICsをはじめとする新興国において近年台頭してきたグローバル企業もそういった欧米型のマネジメントスタイルを取り入れ，グローバルベースで意思決定を迅速に行い，グローバルでのマーケットシェアを急速に拡大している。

(3) グループ経営管理強化の必要性

① 日本企業のグループ経営管理の特徴

日本においては，2000年代初頭からの会計ビッグバンにより，連結主体の開示が求められることとなり，それ以降，制度連結決算および連結開示の拡充が図られてきた。

日本企業においては，グループ経営管理を制度連結決算とは切り離して捉えているケースが多い。典型的には，子会社の単体損益計算書を対象として月次で業績管理し，連結決算は外部公表数値として四半期ごとに作成するにとどまるようなケースである。月次で連結決算数値を作成して業績管理の対象としつつ，四半期で作成する制度連結決算の数値とは異なるようなケースも該当する。いわゆる制管分離（制度会計と管理会計の分離）といわれる方法である。

このようなケースにおける制度連結決算では，公表用数値に求められる信頼性を損ねない範囲で，可能な限り負荷の軽減を図って作成される。例えば，子会社は各国の会計基準をベースとして決算数値を作成しつつ，制度連結上要請される最低限の調整を加える。また，重要性のない子会社を連結範囲から除外し，制度上許容される海外子会社の３か月以内の決算期のずれを活用して平準化された連結決算業務を行っている。その場合でも，業績管理用として連結除外した子会社の決算情報も入手しており，また，決算期が統一されていない海外子会社も同一月の決算情報を対象として業績管理を行っていることが多い。

②　日本型経営管理と欧米型経営管理の違い

一方で，欧米のグローバル企業は連結決算情報をグループ経営管理のための中心的な情報と位置付けている。主な管理対象は連結決算データであり，管理連結と制度連結の一致もしくは整合性が図られている。業績管理の主たる対象として事業連結数値があり，その積上げが全社連結数値となるのである。グループ経営管理（管理会計）は企業価値向上のためのものであり，企業価値は外部公表数値（制度会計）に基づく投資家の判断で評価・形成されるのであるから，管理会計と制度会計の一致（制管一致）は当然の方針となる（**図表１-４**）。

連結決算数値は，業績の分析や打ち手の検討のために，どこをどう切り出してもグループで統一された均質な数値となっている必要があると考えられており，会計方針や勘定科目は当然にグループで統一されている。グループで採用する会計方針や勘定科目は，グループ会計方針書，グループ勘定科目定義書として取りまとめられ，グループ会社に展開される。子会社所在地国の会計基準は，それぞれの国で要請される法定決算書を作成するために使用されるものにすぎず，グループ本社への業績報告は，グループで採用される会計方針に従ったものである。

連結の範囲は全社であり，決算期は統一する。一部の重要性のない子会社を連結除外したり，決算期不統一としたりすることはあるが，それは制度上許容される範囲で最大限，業務負荷軽減のメリットを得るための方針ではなく，グループ経営管理の観点から重要性がないためである。

【図表1-4】日本的経営管理と欧米型経営管理の違い

	日本的経営管理	欧米的経営管理
管理対象	・主に個社の単体決算情報	・主に連結決算情報
管理連結	・作成しない ・または，制度連結とは別に簡便的に作成	・月次事業管理連結の積上げが制度連結の構造をとる ・管理連結における事業連結をセグメント情報として開示
連結範囲	・経理決算業務の負荷軽減のため，会計基準で求められる最低水準（連結除外できるものは除外する）	・全社連結（グループ経営管理の観点で重要性がない場合は除外）
会計方針	・現地基準がベース ・制度連結決算では，制度上要請される最低限の調整を加える	・グループ会計方針を展開し，単体決算から統一
決算期	・業績管理上は統一 ・制度連結決算では，海外子会社の決算期を不統一のままとする	・グループで決算期統一

③　連結ベースでの経営管理の必要性の高まり

従来は，グループ全体における親会社の占める割合が十分に大きかったので，親会社単体の経営管理をしっかり行っていれば，結果としてグループの重要な部分は管理できているということができた。このことが災いして，グローバル化が進む現在においても，いまだに多くの日本企業が，あるべきグループ経営管理について十分に考え，抜本的に対処することのないままとなっている。

日本企業には長年培ってきた価値観・文化があり，グループ経営にはそういった価値観・文化が反映されるべきものであるので，欧米企業のやり方が必ずしも日本企業においても最適とは限らない。とはいえ，近年の海外進出の増加に伴い，子会社の重要性が高まる中，日本企業も連結決算情報を中心に据えてグループ経営管理を構築することが必要な時期に来ているのではないかと考える。

(4) 日本企業による海外M&Aの増加

① PMI（Post Merger Integration）の重要性の高まり

近年，国内市場の鈍化や収益改善に伴う手元資金の増大といった状況を背景として，日本企業が海外企業を買収するIN-OUT型のM&Aが活発となっており，成長戦略の1つにM&Aを掲げ，中期経営計画においてM&A投資枠を設定する企業も増えている。

従来に比べて大型の海外M&A案件も増加しており，多額ののれんが計上されるケースも多くなってきている。その一方で，M&A後に当初想定していたような成果が得られず，巨額の減損損失を計上するケースや，買収した海外子会社で不正発覚などの経営に関する問題が生じて多額の損失を計上したり，レピュテーションを落としたりするケースも発生している。

M&Aを成功させるためには，買収のために要したプレミアムを上回る価値を買収後に創出しなければならず，その源泉である買収によるシナジーを確実に発現させるための明確かつ具体的な計画が必要であることはいうまでもない。被買収企業が買収前に自社では成しえなかった売上の増大やコストの削減を，買収企業との戦略・プロセス・リソースの統合，その他の支援・関与により実現させることでシナジーが発現するのである。買収を成功に導くためには，買収後すみやかにシナジー発現のための計画を実行に移し，確実にやり切る必要があるのであるが，留意すべき点は，シナジー発現のためのアクションとは「被買収企業に任せていてはできないこと」がほとんどであるということである。買収企業は，買収後すみやかにシナジー発現のためのアクションを矢継ぎ早に実行に移すとともに，被買収企業を自社グループの経営管理に組み込んで，それらアクションの実行の成果を管理することが必要なのである。これはPMI（Post Merger Integration）と呼ばれる買収後の統合プロセスであり，次頁の**図表1-5**に示す対応が一般的に行われる。昨今，頻発する日本企業のM&Aの失敗を受け，PMIの重要性に対する認識が高まっているものである。

【図表1-5】PMIの一般的なプロセス

	契約前	クロージング前	Day1～Day100	Day100 以降
対応	・統合に関する問題点，課題の抽出 ・統合効果の予備的検討	・事業開始(Day1)に向けた準備 ・Day100計画の作成 ・中長期成長プランの検討	・事業安定化のための施策実行と統合新会社のコントロール ・事業計画のアップデート	・組織統合の完了 ・シナジーの実現 ・企業価値創造

② M&Aの備えとしてのグループ経営管理の確立

被買収企業を買収企業側のグループ経営管理に組み込むこともPMIの一部であるが，これ自体が売上増加やコスト削減に直結することはないため，日本企業による買収のPMIプロセスの中では必ずしも重視されず，制度連結決算への取込みといった最低限の法規制への対応のみに終始してしまうことが多い。買収が失敗するのは，シナジーを発現させるための計画が不十分なことが原因であるといわれることが多いが，これに加えて，買収後に被買収企業が講ずべきさまざまなアクションの実行とその成果が十分に管理されないことも原因となっているのではないだろうか。

欧米企業が買収を行う場合には，被買収企業は買収企業の一部として買収企業側の経営管理の仕組みにただちに組み込まれることが多い。被買収企業が上場会社であった場合には，上場廃止にするのが通常である。

そもそも，グループ経営管理の基盤を持つ欧米企業とは異なり，つぎはぎで作られた経営管理の仕組みしか持たない日本企業では，買収した会社を自社のグループ経営管理に組み込むということがままならないのであろう。

特に価値観・文化が日本とは異なる海外の会社のM&Aにおいては，買収直後から被買収企業と価値観・文化を共有することで，日本流・自社流のグループ経営に組み込もうとするのは難しい話と考えるべきである。海外の企業では，組織・人材，ルール，業務プロセス，情報システムが，日本企業である親会社とはまったく異なるものであるのが通常であり，PMIを通じて経営管理の統合

【図表1-6】M&Aの備えとしてのグループ経営管理の確立

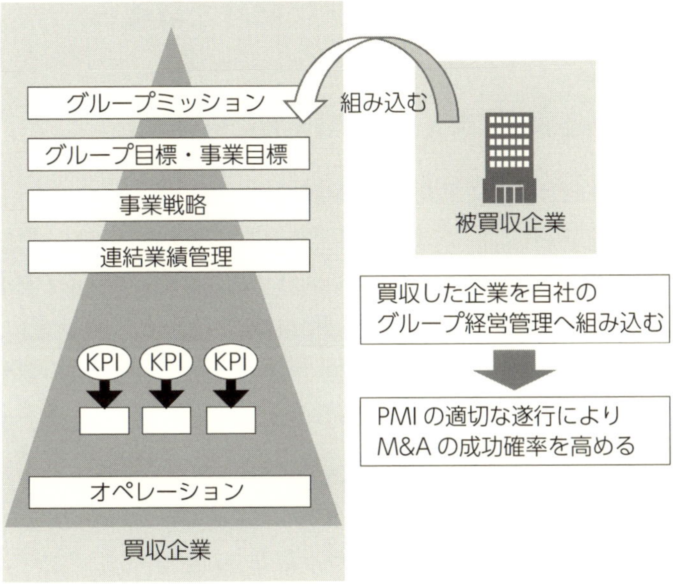

グループミッション
グループ目標・事業目標
事業戦略
連結業績管理
KPI
KPI
KPI
オペレーション
買収企業
組み込む
被買収企業
買収した企業を自社の
グループ経営管理へ組み込む
PMIの適切な遂行により
M&Aの成功確率を高める

（グループ経営管理への組込み）を適切に行っておかないと，被買収企業の経営がブラックボックスのままとなってしまい，子会社に対するガバナンスを十分に効かせることもできない。日本企業も，海外M&Aが今後ますます増加し，多くの企業の主要な成長戦略の1つになるであろうことを考えると，PMIを適切に遂行してM&Aの成功確率を高めることが必要である（**図表1-6**）。グループ経営管理の仕組みの確立は，M&Aに備えておくことにつながる。

第2節　課題解決に向けた取組み

(1)　グループ経営管理を支える会計情報の質の向上

①　グループ経営管理に求められる財務経理機能

グループ経営管理には，グループ経営の判断に資する情報を，会計情報をベースに迅速かつ正確に提供できる機能態勢である財務経理機能が必要となる。財務経理機能の主たる機能として，会計情報を用いた業績管理がある。グループ経営管理の観点からは，業績管理は連結ベースで行われることが必要である。

財務経理機能を支える基盤は，図表1-7に示すように，ルール，組織・人材，業務プロセス，情報システム等から構成される。勘定科目，会計方針，決算期といった会計情報作成に係るルールをグループで統一し，各社の会計情報を同じルールで作成できるようにする必要がある。さらに，グループ全体で統

【図表1-7】グループ経営管理に求められる財務経理機能の位置付け

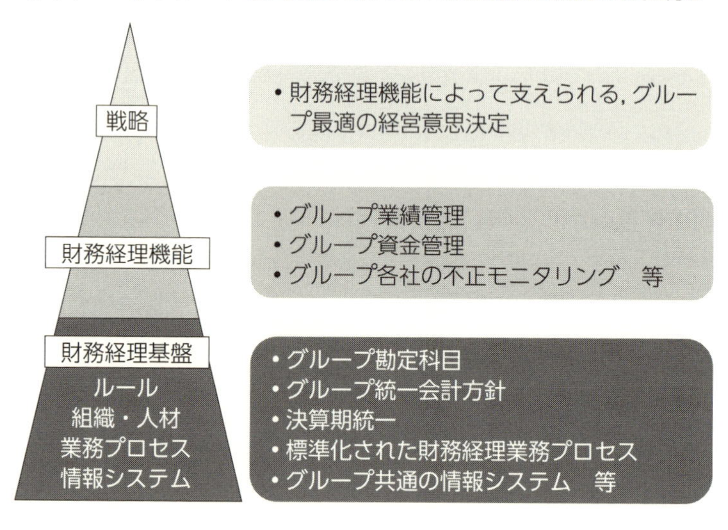

一ルールの適用をより確実なものとし，また，より効率的に行うために，会計情報作成に係る組織・人材の適切な配置，業務プロセスの標準化，情報システムの整備が必要である。

②　グループ経営管理を支える会計情報の質の向上

会計情報を用いた業績管理（予算管理，原価管理等）は連結ベースで行われる必要がある。

グループ業績管理は，グループ企業価値の最大化を目的として行う，会計情報を使った目標設定とその達成のためのPDCAサイクルである（**図表1-8**）。このPDCAサイクルを有効に回していくためには，会計情報の品質が統一されていること（均質性）が前提となる。例えば，原価を構成する勘定科目や会計処理がグループ各社で異なっていては，グループ全体で原価低減を図る取組みは適切に計画・管理できないであろう。業績管理の水準は，会計情報の品質に影響される。業績管理を高度にするためには，会計情報の切り口の多様さや精緻さ，得られる情報の詳細さ，迅速さ等を高めていく必要がある。

【図表1-8】グループ経営管理におけるPDCAサイクル

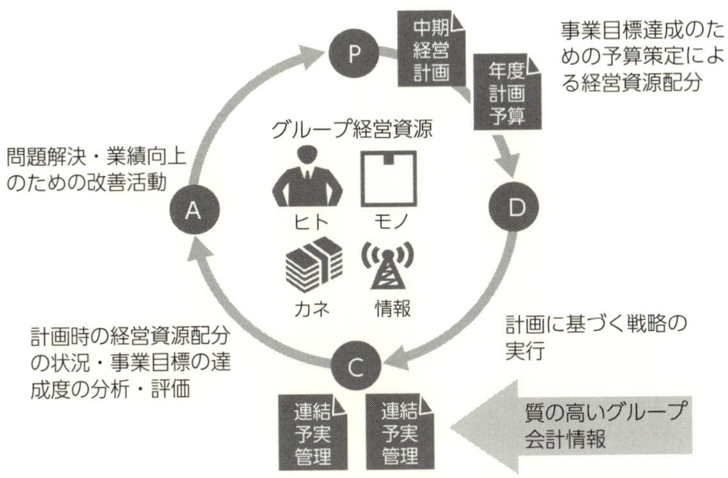

業績管理に加えて，グループの資産保全や財務報告の信頼性を担保するための各種の管理も財務経理機能の重要な一部であり，グループ経営管理の一環として考えるべきものである。例えば，親会社が子会社の不正モニタリングを行うケースにおいて，勘定科目や会計処理がグループ各社で異なっていれば，親会社は子会社ごとに異なったモニタリングをする必要があり，効率性が著しく損なわれるし，子会社が多数になるとモニタリングをすること自体が現実的でなくなる。資産保全や財務報告のためのグループ経営管理においても，グループ全体で均質な会計情報が確保されていることがその実効性と効率性を高めることにつながる。

③　会計情報における勘定科目の重要性

グループ経営管理に資するべく会計情報の品質を一定水準に維持するためには，勘定科目，会計方針，決算期といった会計情報の属性情報をグループとして統一的かつ適切に設定し，グループ内のどこで発生する会計情報も同じベースで作成されるようにすることが必要となる。

業績管理に用いられる会計情報は，勘定科目のほか，組織・事業・製品・得意先といった多様な項目を有する。会計情報は経営資源であるカネの（またはカネに換算された企業活動や資産の）情報であり，勘定科目はその消費目的と消費形態を表す項目であって，会計情報の中で最も重要な要素の１つである。

勘定科目の重要性に対する認識は日本企業と欧米企業で大きく異なっている。多くの日本企業では，勘定科目は財務諸表を作成するためのコードとしての位置付けにとどまっている一方で，欧米企業では，勘定科目をグループ経営管理のための重要な要素と位置付け，経営管理に活用するためにグループ統一の勘定科目を定義し，グループ各社で適用させている（**図表1-9**）。グループ統一勘定科目では，制度会計（制度連結）・管理会計の両目的の勘定科目を１つの体系に統合させているのが通常である。

一般に，管理会計には業績の分析という目的があるため，勘定科目数も制度会計よりも多くなり，グループ各社の会計システムには，管理ニーズに対応し

【図表1-9】勘定科目の位置付け

日本企業	欧米企業（グローバル企業）
財務諸表を作成するための単なるコード	グループ経営管理のための重要な要素
グループ統一の勘定科目がない	グループ統一の勘定科目を定義 グループ各社で適用

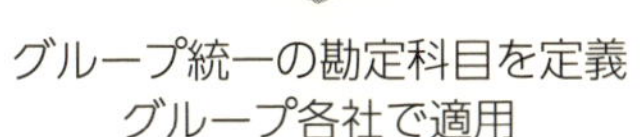

て，多くの勘定科目が設定されている。一方で，本社への月次業績報告は，制度連結勘定科目と同じかそれよりも粗い（集約された）勘定科目で行われるケースも少なくない。月次では売上と営業利益だけを親会社へ報告させるケースもあるのではないだろうか。これらは，会社単体の業績管理が主体となっていて，グループ経営管理が未成熟な状態にあることを示している。

各企業におけるグループ経営管理強化に向けた取組み内容は，それぞれの置かれている事業環境，グローバル化の進展度合いなどにより異なるが，いかなる取組みレベルであってもグループの財務経理基盤強化は必要であり，その必要不可欠の要素として会計情報の質の向上がある。勘定科目統一は，グループ経営管理強化に向けたいずれの取組みを実施するうえでも，その目的を達成するうえで必須の取組みとなる。

(2)　グループ財務経理業務の効率化

①　財務経理業務の効率化

事業がグローバルに広がる過程で，管理に要する間接コストが増加していく。売上拡大に伴い，利益率が低下していくのである。財務経理機能に係るコストもその重要な一部である。グループ全体で財務経理機能に係るコストの膨張をいかに抑制するかは重要なテーマである。

優秀人材の需給が逼迫する中，テクノロジーの発達を背景にITを活用して，取引の処理等の定型的で付加価値を生まない業務を可能な限り効率化し，連結ベースの業績情報を精緻化・高度化して経営者の意思決定をサポートするといった，より付加価値の高い業務に優秀人材のリソースを振り向けることが必要となっている（図表1-10）。

【図表1-10】財務経理業務機能の望まれる将来像

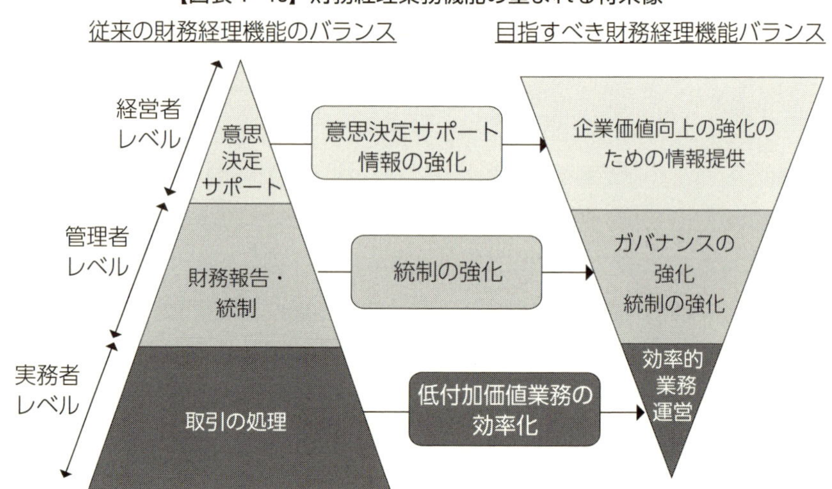

グループ全体で業務の品質を担保しながら，効率化を実現するため，業務の標準化が必須である。高品質で効率的なグループ標準の財務経理業務を設計し，グループ各社へ展開することで，グループ全体の財務経理業務を均質化し，高品質を担保しながらその効率性を高めることができるのである。グループの財務経理業務の標準化には，勘定科目統一が前提となる。

グループ各社の勘定科目が異なれば，同じ取引事象であったとしても仕訳記帳のパターンが異なるし，そのための基幹システムから会計システムからのデータの流れや業務も異なることとなり，各社の業務を均質化することができないからである。

②　シェアードサービス，BPOの活用

シェアードサービスは，企業のノンコア・間接業務を企業グループ内（親会社または子会社）に集中させ，業務の見直し・標準化を通じてコストの削減を図るとともに業務の品質向上を図るマネジメント手法である。

財務経理業務は，他の業務に比べて専門性が高い一方で，各社に共通する部分が多く標準化を図りやすい業務であることから，SSC（Shared Service Center，シェアードサービスセンター）へ財務経理の間接業務を集約させる企業が多い。SSCへの間接業務集約の効果を上げるためには，勘定科目統一を含む財務経理業務の標準化が不可欠である（**図表１-11**）。

グループの財務経理業務の標準化をせずに，各社の財務経理業務を単にSSCへ集約させても，グループ全体の業務量は従前と変わらず，むしろSSCへ発注する側の各社にとっては，別会社に対するマージンが発生する分コスト増になってしまう。業務標準化や効率化のための見直しを十分に伴っていないこと

【図表１-11】財務経理業務の効率化

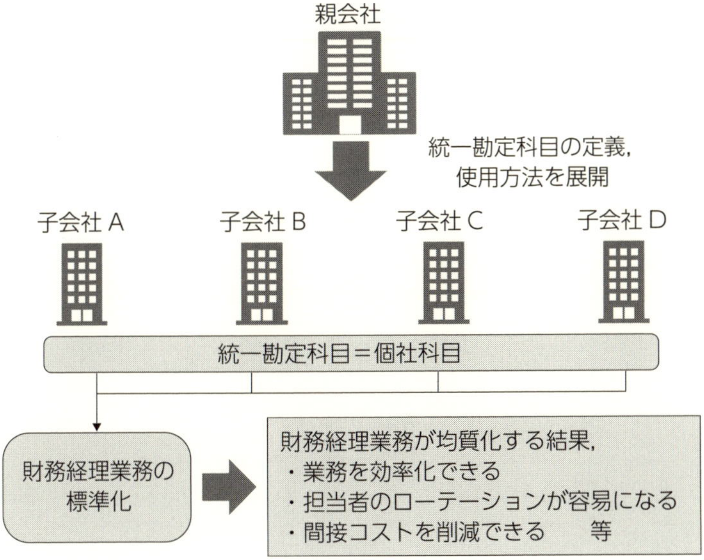

親会社

統一勘定科目の定義，
使用方法を展開

子会社Ａ　子会社Ｂ　子会社Ｃ　子会社Ｄ

統一勘定科目＝個社科目

財務経理業務の
標準化

財務経理業務が均質化する結果，
・業務を効率化できる
・担当者のローテーションが容易になる
・間接コストを削減できる　　等

が，シェアードサービスが成功しない原因としてよく見られる。

また，近年はBPO（Business Process Outsourcing，ビジネスプロセスアウトソーシング）を検討，実施する企業も多い。間接業務を集中して専門業者へ外注委託する形をとるのがBPOであり，シェアードサービスもBPOもその狙いとすることは同じであるが，BPOはさらに社内の人材リソースを間接業務から解放することを狙う。BPOの専門業者は，業務標準化を通じて，業務の品質向上および効率化を進めるノウハウを持つが，勘定科目統一を含む財務経理業務の標準化を行わずに，単に専門業者へ委託しても効果が出ない点は上述のSSCの場合と同様である点に留意が必要である。

Column ①

財務経理人材について

事業規模の拡大等により，財務経理業務を担う人材の不足に悩む企業は多い。特に昨今は，全般的な人材不足やAIをはじめとするテクノロジーの進化から，定型的な業務から脱して，より付加価値の高い業務へシフトすることを求める傾向にあることが，その悩みを大きくしていると考える。今後は財務経理業務に対する専門性に加えて，ビジネス感覚を持って洞察に富む分析や提言を通じて，企業価値向上のために能動的・建設的に行動できる人材がますます求められる。

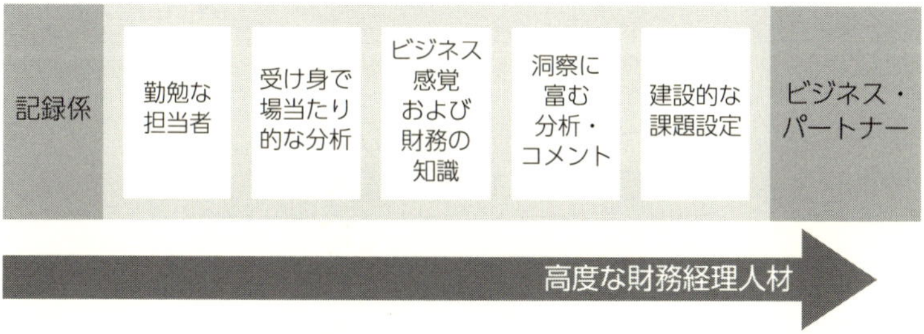

記録係
勤勉な担当者
受け身で場当たり的な分析
ビジネス感覚および財務の知識
洞察に富む分析・コメント
建設的な課題設定
ビジネス・パートナー

高度な財務経理人材

日本企業では，従来，終身雇用制度と年功序列制度のもと，新卒採用した人員を，ジョブローテーションを通じてさまざまな部門の経験をさせてゼネラリストとして育成することが一般的であった。しかし昨今では，そういった考え方は変わり，それぞれの分野におけるスペシャリストの育成へとシフトしてきている。一般に会社への帰属意識が低く，自身の成長への関心が高いといわれるミレニアル世代[(注)]の割合が増えるにつれ，その流れは加速していくであろう。ミレニアル世代は，自身の成長機会を求める志向が強く，転職への抵抗感も小さいといわれる。成長を求めて人材が流動する傾向は，専門性が必要でありつつ，どの企業にも不可欠な財務経理分野においては特に当てはまる。

（注）一般的な定義はないが，1980年～2000年頃に生まれた世代を指す。

自社の財務経理部門に優秀な人材を惹きつけるためには，メンバーに対して成長機会を与え続けなければならない。そのためには，財務経理部門は，可能な限り定型業務を削減して，意思決定支援などの高度な業務を増やす必要があり，メンバーがどこでも通用する人材へ向けた成長を実感できる場所へと変革していくことが必要である。

第2章

勘定科目統一の意義

◆本章のポイント◆

- 勘定科目は，会計上の記録・計算または集計の単位である勘定に付された名称で，企業活動において経営資源であるカネを消費した目的や獲得した形態などを表すものをいい，勘定科目体系は，勘定科目を階層構造で整理したものをいう。
- 勘定科目の統一は，グループ内の複数の会社の勘定科目体系を共通の勘定科目体系に統一することをいい，統一する対象会社を絞ったり，勘定科目体系のうち最下層の科目までではなく中間階層の科目までで統一したりすることもある。
- 勘定科目の統一は，それ自体が目的となるものではなく，グループ経営管理を支える会計情報の質の向上やグループ財務経理業務の効率化といったさまざまな取組みの中で行われるものである。取組みの目的に照らして，勘定科目の統一の範囲（対象会社，統一階層）を決定する必要がある。
- 勘定科目統一を行うには，グループ各社の会計システムに統一勘定科目を設定することになるが，会計システムの勘定科目コードの桁数制限などから，システムの改修や変更が必要になり，その実現に多大なコストを要する場合がある。このような場合に，勘定科目統一とは異なるが，親会社がグループ各社に親会社へ報告する際の勘定科目（親会社収集科目）の定義を周知し，グループ各社は，自社の勘定科目から親会社収集科目へのマッピングを行い，勘定科目を変換することで，グループ経営管理に必要な勘定科目による情報収集を親会社レベルで実現する手段がある。

第１節　勘定科目統一とは

(1)　勘定科目とは

①　制度会計と管理会計の観点から求めるもの

勘定科目は，会計上の記録・計算または集計の単位である勘定に付された名称で，企業活動において経営資源であるカネを消費した目的や獲得した形態などを表すものである。企業が自社の業績を分析する際に使用しているさまざまな会計情報（勘定科目・組織・事業・製品・得意先など）の中で，企業がどのような取引を行ってカネを消費したり，カネを獲得したかなどを表すものが勘定科目であり，勘定科目は会計情報の中でも重要な項目である（**図表2-1**）。

【図表2-1】勘定科目

用　語	説　　明
勘定科目	会計上の記録・計算または集計の単位である勘定に付された名称で，企業活動において経営資源であるカネを消費した目的や獲得した形態などを表すものであり，会計情報の中でも重要な項目である。

したがって，会計情報を有効に活用するためには，勘定科目が制度会計および管理会計の両目的を満たすように設定されている必要がある。

制度会計目的であれば，財務諸表等規則などが定める開示ルールに従った財務諸表が作成できるように勘定科目が設定されている必要があるし，管理会計目的であれば，経営者や管理者のニーズに応じて，必要な会計情報を提供できるような勘定科目が設定されている必要がある（**図表2-2**）。例えば，制度会計目的で財務諸表を作成するためには，財務諸表等規則に従い「売上高」という勘定科目があればよいが，管理会計目的で，どのような財またはサービスを提供して獲得された売上高であるのかを把握したい場合に，「製商品売上高」，「役務収益」などの勘定科目を設け，管理ニーズに応えるというようなことである。

【図表2－2】勘定科目に求めるもの

勘定科目

制度会計	管理会計
財務諸表等規則などが定める開示ルールに従った財務諸表が作成できるように設定する	マネジメント等の管理ニーズに応じて，必要な会計情報を提供できるように設定する

②　仕訳記帳科目と集計科目

もう一点，勘定科目とは，何を指すのかということについても触れておきたい。勘定科目は，記録・計算または集計の単位と述べたように，仕訳記帳を行う際に使用する項目だけでなく，仕訳記帳した科目を集計した項目も勘定科目の１つである。例えば，「交際費」「旅費交通費」などの仕訳記帳を行う際に使

【図表2－3】仕訳記帳科目と集計科目

用　語	説　　明
仕訳記帳科目	仕訳を記帳する際に使用する科目
集計科目	仕訳記帳科目を集計した科目

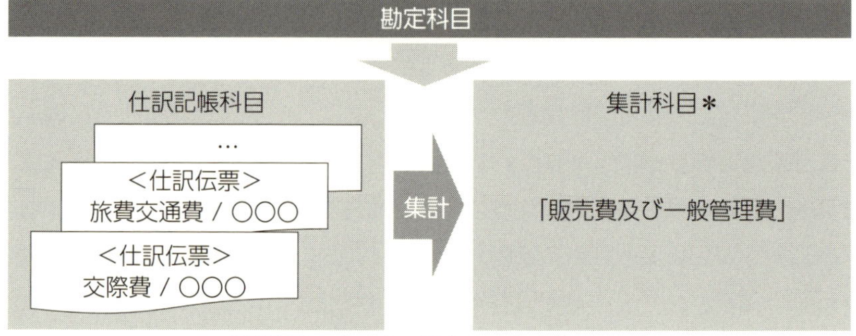

＊：財務諸表に表示する場合は，表示科目という。

用する項目も勘定科目であるし，これらの勘定科目の取引高を集計する「販売費及び一般管理費」も勘定科目の一部である。したがって，同一の階層にある勘定科目を除き，勘定科目間の関係は通常，階層構造をなす。

本書では，勘定科目のうち，仕訳を記帳する際に使用する勘定科目を仕訳記帳科目といい，仕訳記帳科目を集計した勘定科目を集計科目という。仕訳記帳科目は階層構造の最下層にあるのに対し，集計科目は仕訳記帳科目よりも上位階層にあって，この科目への記帳は行わないといった違いがある。なお，集計科目の中でも制度会計目的の財務諸表に表示する科目を表示科目という（**図表2-3**）。

(2) 勘定科目体系とは

勘定科目の階層構造についてさらに詳しく述べる。上述のように，勘定科目には仕訳記帳科目と集計科目があるが，これらの科目の対応関係は，一般に複数の仕訳記帳科目を集計されたものが集計科目となるように，1対Nの関係で整理される。このように勘定科目を階層構造で整理したものが勘定科目体系である（**図表2-4**）。

勘定科目体系は，仕訳記帳科目を集計した集計科目を使用して財務諸表が作成できるように階層関係を整理し，あるいは，下位階層に上位階層科目の詳細な勘定科目を設けて，ドリルダウンによる業績の分析ができるように階層関係を整理するなどして作成する。一般に，管理会計には業績の分析という目的があるため，制度会計目的で設定する表示科目よりも，管理会計目的勘定科目のほうが科目数は多くなる。したがって，勘定科目体系では，制度会計目的の表示科目の下位階層に，管理会計目的の勘定科目を設けることが多い。

なお，本書では，勘定科目体系の階層間の勘定科目の細分化の度合いを勘定科目の粒度といい，勘定科目体系の最も下の階層にある勘定科目を末端科目という。

【図表2-4】勘定科目体系

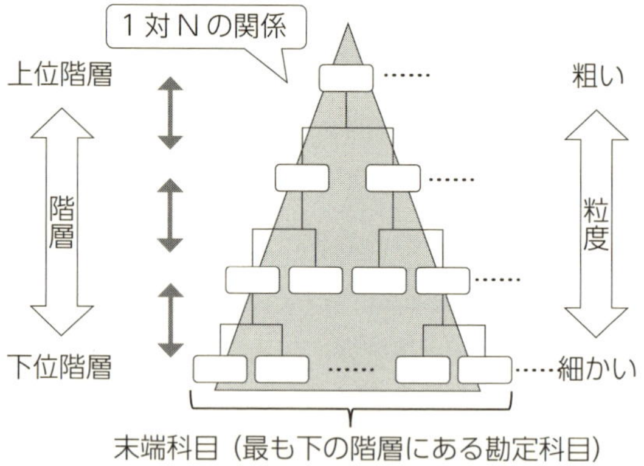

用　　語	説　　明
勘定科目体系	勘定科目を階層構造で整理したもの
勘定科目の粒度	勘定科目体系の階層間の勘定科目の細分化の度合いのこと
末端科目	勘定科目体系の最も下の階層にある勘定科目

(3) 勘定科目の統一とは

① 勘定科目の統一とは

勘定科目の統一は，グループ内の複数の会社の勘定科目体系を共通の勘定科目体系に統一することである（**図表2-5**）。仮に，末端科目が同じであったとしても，グループ各社の勘定科目の集計方法が違うなど階層構造が異なり，上位階層の勘定科目の中身がバラバラの状態では，統一されたとはいえない。例えば，親会社が，子会社の業績を比較しようと，中間階層の勘定科目（製造原価の材料費や労務費，経費などの勘定科目）を比較しようとしても，各社の階層構造が異なり，比較対象の勘定科目の中身がバラバラでは，正しく比較・分析を行うことができない。勘定科目体系を統一し，グループ各社が使用する各階層の勘定科目が揃っている必要がある。

そして，勘定科目の統一に際しては，グループ各社が行うさまざまな取引のうち，同種取引や同種取引から生じる残高は同じ勘定科目に記録・計算されていることも前提となる。勘定科目を統一しても，統一された勘定科目に記録・計算または集計される金額の内容がバラバラの状態では，勘定科目を統一した意味をなさないからである。

なお，第1章で述べたとおり，勘定科目は財務経理基盤の1つであり，グループ経営管理強化のためには，財務経理機能を支えるその他の財務経理基盤（グループ会計方針や決算期など）の統一も必要となるが，本書では詳細説明は割愛する。

【図表2-5】勘定科目の統一

用　語	説　明
勘定科目の統一	・複数の会社の勘定科目体系を共通の勘定科目体系に統一すること ・グループ各社が行う同種取引や同種取引から生じる残高は，同じ勘定科目で記録・計算されている必要がある

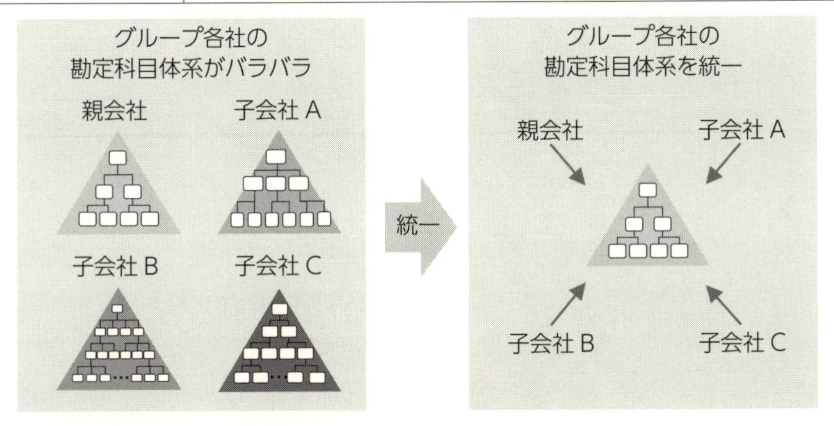

②　勘定科目統一の範囲

統一といえば，どのグループ会社も同じ勘定科目体系を使用している状態をイメージされるかもしれない。しかしながら，例えば，グループ会社ごとに営んでいる事業が異なり，そのため管理ニーズが異なる場合には，全社で統一するよりも，事業ごとに勘定科目を統一するほうがよい場合もあるであろうし，中国やベトナムのように国によって使用する勘定科目が定められている場合は，異なる勘定科目体系を持たなければならない場合もある。

このように，勘定科目の統一の取組みは，グループ各社で勘定科目体系を統一するだけでなく，統一する範囲（対象会社や階層）を絞り，一定の範囲内に

【図表2-6】対象会社を絞った勘定科目の統一

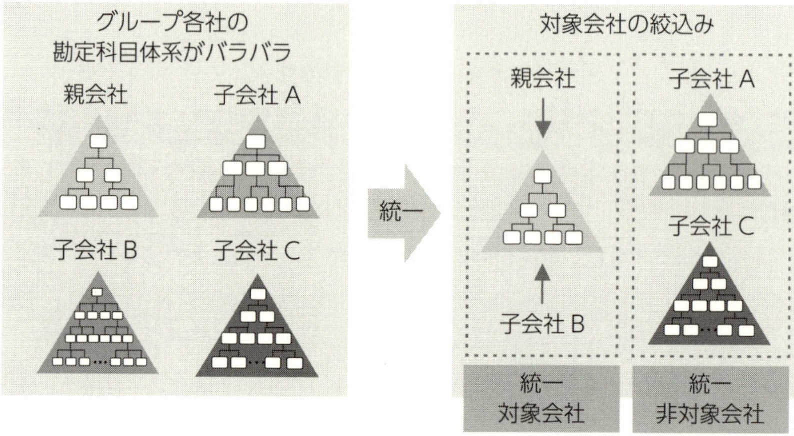

【図表2-7】中間階層までの勘定科目の統一

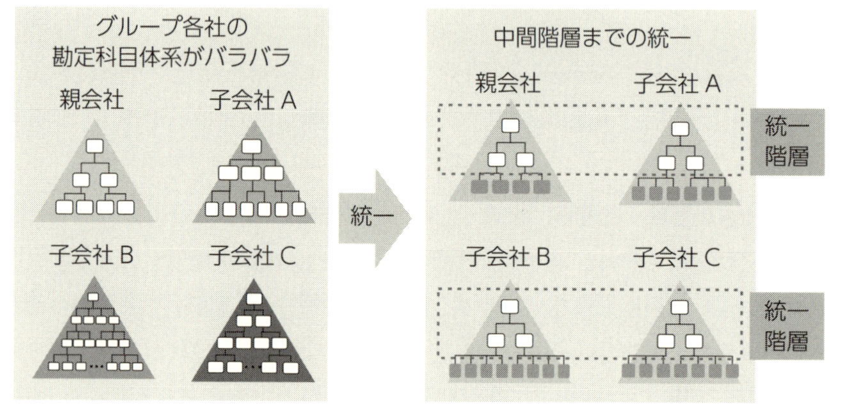

おいて，統一することが適している場合もある。

実務的には，統一対象会社を絞ったり，勘定科目体系の中間階層まで統一したりする方法も多く取られている（**図表2-6**，**図表2-7**）。どのような場合に統一する範囲を絞るのかは，第2節で述べる。

なお，本書では，グループで統一された勘定科目体系を統一勘定科目体系といい，統一勘定科目体系下で使用されている勘定科目を統一勘定科目ということとする。

③　勘定科目の統一以外の手段

グループ経営管理の高度化のため，意思決定の基礎となるグループ各社からの会計情報の質の向上を目的として，勘定科目の統一とは異なる手段で，親会社がグループ各社から収集する会計情報を揃えるような対応を取っている会社も見られる。次頁の**図表2-8**にあるように，親会社は，グループ各社から報告を受ける際に使用する勘定科目（以下，「親会社収集科目」という）の定義をグループ各社に周知して，グループ各社は，親会社収集科目の定義に従い，自社の勘定科目から親会社収集科目に変換して親会社へ報告することで，親会社に集まる会計情報がバラバラにならないようにするのである。

グループ各社が実施する勘定科目の変換は，手作業で行う場合とシステムで行う場合がある。どちらの場合も，グループ各社は親会社収集科目の定義（各勘定科目にどのような取引・残高が集計されるべきか）に従い，個社の勘定科目と親会社収集科目の対応関係を定義した変換テーブル（マッピング表）を作成する。

手作業の場合は，スプレッドシートを使って変換テーブルに基づく勘定科目の変換を行い，システムの場合は，変換テーブルを実装したツールを使用したり，Data Warehouse（単体会計システム等のデータを取り込み，データを蓄積するためのデータベース）を導入して，Data Warehouse内で変換を行ったりする。詳しくは第4章にて後述する。

【図表2-8】勘定科目の変換

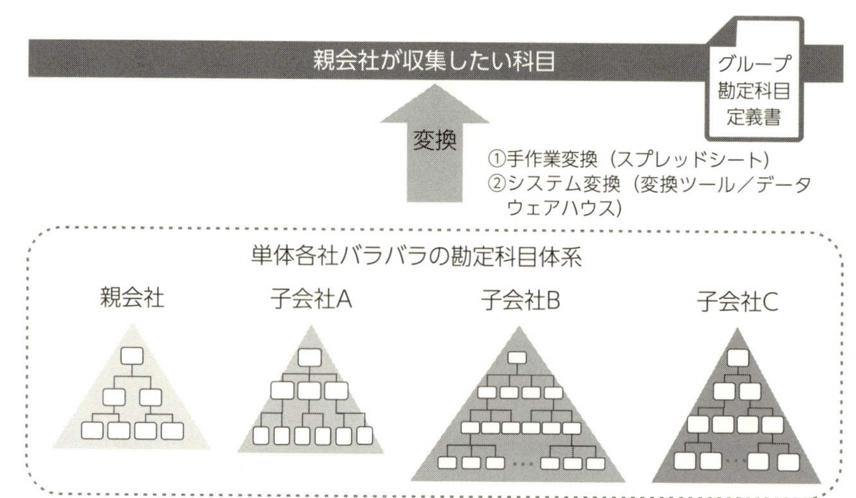

このように，勘定科目の統一ではなく，親会社がグループ各社から収集する情報を揃えるような手段が用いられる背景には，会計システムが大きく関係している。勘定科目の統一のためには，グループ各社の単体会計システムにおいて，統一勘定科目を設定することになるため，使用している会計システムの制約からシステムの改修や変更が必要となって，その実現に多大なコスト・期間を要する場合がある。このような場合に，コスト・期間を抑制しつつ，グループ経営管理の強化を目指すための1つの手段として，グループ各社の勘定科目から親会社収集科目への変換という手段が用いられる。システムベンダーから受けられる保守サービスの期限やビジネスの変化に伴ってシステムが業務上のニーズに合わなくなること等から，システムには通常，更新サイクルがある。グループ会社の現行の会計システムの更新時期まで，収集情報を揃える手段をとり，システム更新の際に勘定科目の統一を行うようなケースも見られる。

なお，親会社収集科目への変換は，勘定科目の統一の目的であるグループ経営管理の高度化に適う手段であるため，本書では勘定科目の統一とともに取り上げていくこととする。

第２節　会計情報の質の向上や財務経理業務の効率化と勘定科目統一の関係

(1)　勘定科目統一の位置付けと目的の明確化

①　勘定科目統一の位置付け

第１節では，勘定科目の統一とは，グループ内の複数の会社の勘定科目体系を共通の勘定科目体系に統一することであり，統一する範囲（対象会社や階層）を絞ることもあると述べた。本節では，グループ経営管理と勘定科目統一との関係から，勘定科目統一の範囲をどのように決定すればよいかを述べる。

勘定科目統一の範囲を検討する際の重要なポイントは，何のために勘定科目の統一を行うのか，すなわち勘定科目を統一する目的を明確にすることである。そもそも，勘定科目の統一は，それ自体を目的として行われるのではなく，グループ経営管理の強化（例えば，子会社業績の視える化）やグループ財務経理業務の効率化のための取組み（例えば，シェアードサービス化のための業務標準化など）における前提として行われるものである。何を目的とした取組みの中で勘定科目の統一を行うのかを明確にしなければ，目指すべき勘定科目統一の姿も明確にならない。

なぜ，勘定科目の統一が前提となるのか。それは，勘定科目が財務経理機能を支える基盤の１つであるということにある。グループ業績管理を例にとると，勘定科目が統一されていなければ，業績管理に用いる会計情報がグループ内でバラバラとなり，PDCAサイクルを有効に回すことができない。例えば，グループで原価低減を計画し，グループ各社の達成状況を把握しようとしても，グループ各社で原価計算に用いる勘定科目をはじめ原価に係る会計情報がバラバラでは，目標設定も達成状況の把握もままならない。

また，業務効率化のための業務標準化を進めるうえでも，勘定科目の統一が不可欠となる。シェアードサービスの導入によりグループ財務経理業務の効率化を実現する場合は，グループ内でバラついている財務経理業務を，品質と効率性が確保された業務へと標準化して，グループ各社へ展開する必要がある。業務標準化を行うためには，同じ取引事象に対して同じ仕訳記帳パターンがとられる必要があり，その前提として勘定科目が統一されている必要があるからである。

② 勘定科目統一の目的の明確化

グループ経営管理の強化や財務経理業務の効率化の取組みの中で行われる勘定科目の統一であるが，グループ各社の末端科目まで統一しようとすれば，事業ごとに必要な管理ニーズのすべてを満たすことが難しくなるケースがあり，また，会計システムの改修や変更のため多額のコストを要するケースもある。勘定科目統一に際して，末端科目まで統一する必要があるのか，それとも一定の範囲（対象会社や階層）で統一する方法でよいのかは，勘定科目統一を行う目的が達成できるかどうかで判断すべきである。統一する対象会社や階層を絞るなど，さまざまな統一の姿がある中で，どのような統一の姿になれば目的が達成できるのかということから統一の範囲を決定する必要がある（図表2-9）。

以降，勘定科目統一の目的とその取組みにつき，具体例を通じて確認していくこととする。

【図表2-9】勘定科目統一の目的の明確化

勘定科目統一の位置付け

勘定科目統一の目的の明確化

取組み例　グループ業績の視える化

手段　勘定科目の統一…

・必ずしもグループ各社で末端科目まで統一することが適しているとは限らない。
・何のための手段であるのか，目的を明確にし，目的が達成できる範囲（対象会社や階層）で統一する。

⑵ グループ経理管理を支える会計情報の質の向上と勘定科目統一

グループ経営管理強化に向けた主な取組みとしては，例えば以下のようなものがある。

・グループ業績の視える化

・子会社業績比較

これらの取組みの中で勘定科目の統一がどのように行われるのかを確認していく。

① グループ業績の視える化の取組みにおける勘定科目統一

グループ業績の視える化とは，単体ベースから連結ベースの管理へとシフトし，グループで管理すべき管理軸や管理項目を見直し，グループ業績管理を強化するための取組みである。M&Aを活用した海外展開により海外子会社が増加し，商流も国を跨って複雑になった企業グループで，グループの業績把握が十分にできていないという課題を抱えているケースは多い。例えば，親会社で生産した部品を，アジアの組立拠点で現地調達した部品と組み合わせて製品化し，米国や欧州の市場へ現地の販売会社を通じて販売するビジネスにおいて，連結ベースの製品別の採算がタイムリーに把握できないようなケースである。このような課題を解決するために，グループ業績の視える化の取組みが行われている。

グループ業績の視える化のためには，まず親会社がグループの業績管理に必要な会計情報が何かを検討する。例えば，売上高の内訳としてどのような分類が必要か，費用を変動費と固定費に分けるのか，原価の内訳項目はどのようにするかなどである。

ここで検討した会計情報を収集するために，勘定科目体系がどうあるべきかを検討する。グループ業績の視える化といった場合，多様な管理軸で業績を集計し分析するために，会計情報に含まれる勘定科目以外の情報（例えば，組織，事業，地域，製品，取引先等）も検討が必要となるが，本書では詳細は割愛する。

業績管理のために必要な会計情報と合わせて，どのグループ会社を対象に勘定科目を統一するのかも検討が必要である。グループ業績管理である以上，全社を対象とするのが基本ではあるが，グループの主要事業に関連する会社は統一対象とし，その他の子会社は会計システム改修等の費用対効果を勘案し，親会社収集科目への変換により情報収集するというような対応もとりうる。

こうして，グループ業績の視える化のために必要な会計情報や対象会社に応じて，勘定科目の統一の範囲が決定される（**図表2-10**）。そして，決定した範囲で勘定科目を統一することで，業績管理に必要なグループ各社の会計情報が均質となり，業績管理に資する会計情報が得られる。なお，会計情報の均質性

【図表2-10】グループ業績の視える化のための勘定科目統一

勘定科目統一の目的
①グループ業績管理に必要な会計情報を， ②業績管理の対象会社からを収集すること。

上記を実現するために必要な勘定科目統一の姿を考える。

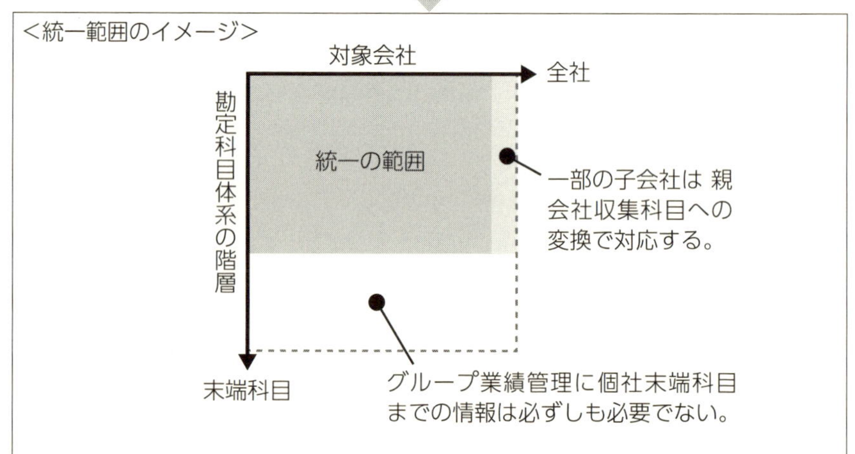

上記範囲での勘定科目統一によって，業績管理に用いるグループ各社からの会計情報が均質となり*，業績の視える化に資する会計情報となる 。

＊：会計方針や決算期の統一などを除く。

のためには，勘定科目のほか，決算期や会計方針の統一も必要であることを申し添えておく。

一般にグループ各社では自社単体の業績管理のために，親会社が必要とする勘定科目よりも細かい勘定科目を設定して管理している。グループ各社の業績管理のために設定している勘定科目まで統一しようとすると，各社の管理ニーズを反映しなければならず，勘定科目数が膨大になってしまったり，統一までに多くの時間を要してしまったりと，うまく進まなくなるリスクが高くなる。

何のために勘定科目の統一を行おうとしているのか，目的に照らして合理的な範囲で統一を検討することが重要である。

②　子会社業績比較の取組みにおける勘定科目統一

買収した子会社が従前の勘定科目体系を継続して使用しているなど，子会社の勘定科目体系がバラバラのため，子会社間の業績を比較することが困難となっているケースも多い。海外の販売会社を買収していき販路拡大を行ったが，各販売会社から報告を受ける売上高，販売費，物流費，人件費などの内訳がバラバラで，各社の業績の横並びの比較ができていないといったようなケースである。

子会社間の業績を比較できるようにするために勘定科目の統一を行う場合も，目的を明確にする必要がある。親会社が見たい業績は何かに基づき統一勘定科目体系を決定し，親会社が業績を見たい子会社を対象に勘定科目を統一することが合理的である（図表２-11）。

勘定科目の統一によって，子会社業績比較を行うために必要なグループ各社の会計情報が統一され，子会社業績比較に資する情報とすることができる。

【図表2-11】子会社業績比較のための勘定科目統一

勘定科目統一の目的
①子会社業績比較のために必要な会計情報を， ②比較対象の子会社から収集すること。

上記を実現するために必要な勘定科目統一の姿を考える。

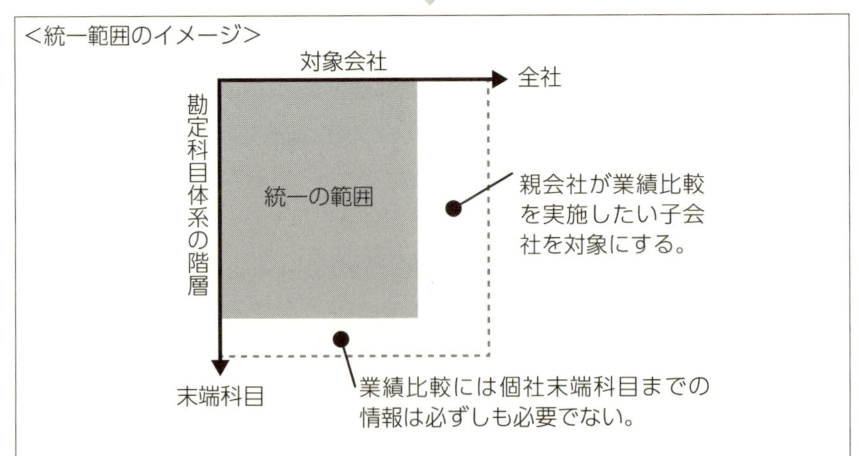

上記範囲での勘定科目統一によって，子会社業績管理に用いるグループ各社の会計情報が均質となり*，子会社業績比較に資する会計情報となる。

＊：会計方針や決算期の統一などを除く。

(3) グループ財務経理業務の効率化と勘定科目統一

グループ各社の財務経理業務がバラバラで実態把握もままならない状況である中，決算早期化を進める，または全社的にコスト抑制が必要となり，効率化に着手する会社も多い。よく検討課題に挙がるのが，シェアードサービスセンター（SSC）を導入して，グループ内の定型的で単純な経理業務を集約するような取組みである。SSC導入により効率化の効果を得るためには，集約対象業務が標準化されていることが前提であり，財務経理業務の標準化のためには勘定科目の統一が必須となる。例えば，債務管理・支払業務などはSSCへの集約対象とされるケースが多いが，対象業務のプロセスのみならず，債務計上や支払の際の仕訳記帳パターンが統一されていなければならないし，その前提として勘定科目が統一されている必要がある。SSCに集約する対象会社の勘定科目がバラバラのままでは，同じ取引であったとしても仕訳記帳に使用する勘定科目が異なることになり，SSCに集約したとしても，各社異なる業務を継続していかなければならず，効率化の効果が生まれない。

したがって，財務経理業務の効率化の取組みにおいて勘定科目の統一を行う場合は，末端科目まで統一することが必須となる。

一方，対象会社は，目的や効果に照らして判断すべきものである。例えば，集約対象業務の業務量が少ないグループ会社では，集約することでかえってコ

【図表2-12】財務経理業務の効率化のための勘定科目統一

勘定科目統一の目的
①SSC化を行うために，SSC化の対象会社の， ②財務経理業務を標準化すること。

上記を実現するために必要な勘定科目統一の姿を考える。

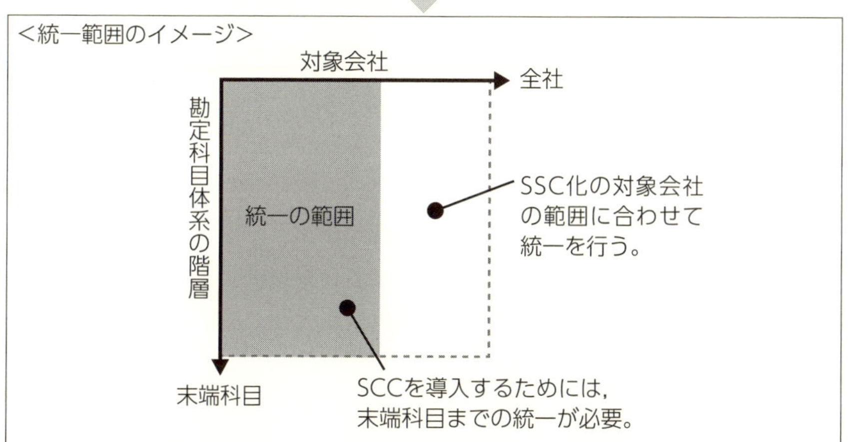

上記範囲での勘定科目統一によって，財務経理業務の標準化が行われ*，標準化した業務はSSCへ集約することによる効率化のほか，業務品質の担保，グループ内の経理人材のローテーションが行いやすくなる。

＊：会計方針やシステムの統一などを除く。

ストの増加につながるケースもある（図表2-12）。

勘定科目の統一により，財務経理業務の標準化の前提の１つが整う。業務標準化により，SSCへの集約による効率化のほか，業務品質の担保，グループ内の人材ローテーションの容易化等のメリットが得られやすくなる。

(4)　制度連結決算の信頼性向上のための子会社からの収集情報の統一

制度連結決算で親会社がグループ各社から収集している連結科目について，グループ各社における末端科目から連結科目への階層構造がバラバラで，子会社から報告される情報が統一されていないということもある。親会社が収集した情報からは，子会社側でどのような科目を集計したものかがわからないため，連結科目と末端科目の整合性がとれていないこともありうる。親会社が勘定科

【図表2-13】制度連結決算の信頼性向上のための勘定科目統一

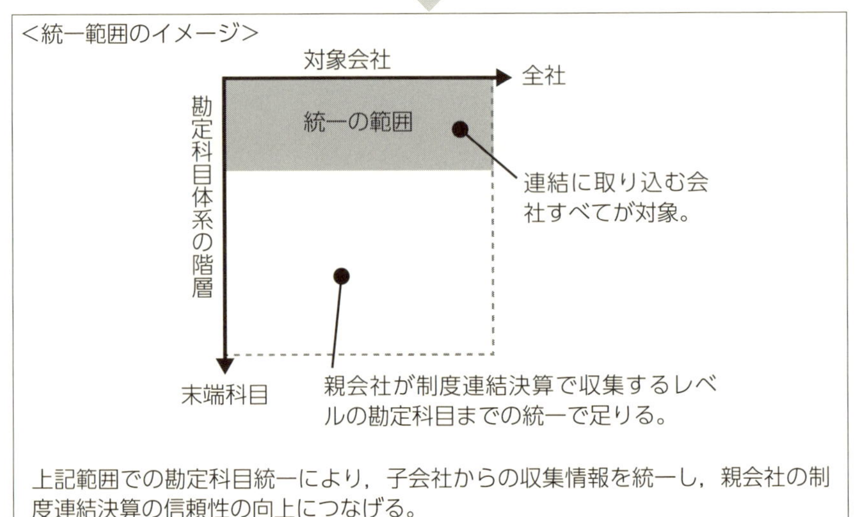

目の増減分析などにより子会社からの報告内容に誤りを見つけた場合は，親会社が修正するか，親会社が子会社に指導をし，再提出を求める。このような誤りを事前に防止し，子会社からの収集情報を統一し，親会社の制度連結決算の信頼性の向上につなげるために，勘定科目の統一を行うケースもある。

このパターンでは，親会社が制度連結決算で収集するレベルの勘定科目まで統一すれば目的は達成される（**図表2-13**）。

(5)　その他の勘定科目統一

これまで見てきたグループ経営管理を支える会計情報の質の向上や財務経理業務の効率化以外に，勘定科目の統一を行う取組みとしては，以下のようなものが考えられる。

・連結ベースで適用される会計基準の変更（IFRS適用）
・グループ各社における業績管理の標準化

①　連結ベースで適用される会計基準の変更（IFRS適用）

IFRSの任意適用を契機とした勘定科目の統一は，制度連結において，従来使用していた日本基準の勘定科目体系から，IFRSベースの勘定科目体系に統一するというものである。次頁の**図表2-14**にあるように，IFRSでは，日本基準のように営業外損益項目や特別損益項目がなくなるなど表示ルールが異なることから，IFRS適用時には勘定科目体系を見直す必要がある。

IFRSに従った勘定科目体系へと見直し，グループ各社で統一することでIFRSに従った財務諸表を作成する基盤の１つが整備される。

②　グループ各社における業績管理の標準化のための勘定科目統一

グループ各社が行う業績管理の標準化は，親会社が求められる業績管理の方法や手順を定めて，子会社に展開することで，子会社単体での管理レベルを向上させる取組みである。

この取組みにおいても勘定科目統一は必要であるが，統一する勘定科目の階

【図表2-14】日本基準とIFRSの連結損益計算書例

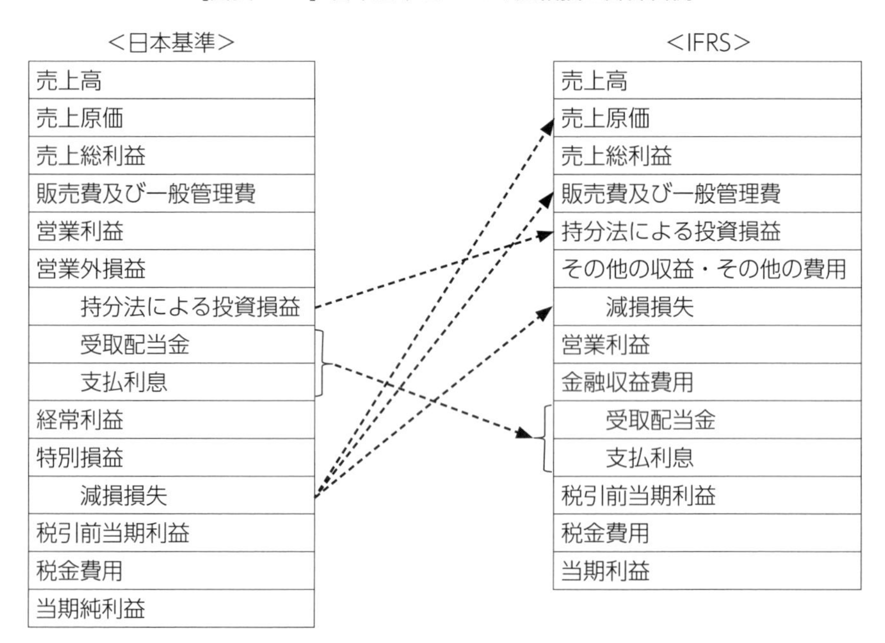

層は，求める管理レベルによって異なる。ある階層の勘定科目を業績管理の対象としつつ，それより下位階層の勘定科目はグループ各社のニーズに応じて任意に設定するような場合もある。

対象会社の範囲も，業績管理のレベル向上の必要性を踏まえた親会社の方針により決定される。小規模な子会社は，業績管理に割ける経理部門リソースも限られており，現状の業績管理のレベルも高くないことが多い一方で，事業規模が小さいため業績管理のレベルを向上させる必要性も小さく，標準化の展開方針の中では優先度が低くなるのが一般的である。

財務経理機能を支える基盤としての勘定科目を統一することは，子会社各社レベルの業績管理の標準化・レベル向上の前提でもある。

⑹　勘定科目統一を行う取組みのまとめ

これまで見てきた取組みは，制度会計と管理会計の観点，および勘定科目の統一の効果を享受する会社（親会社か，子会社か，その双方か）により，**図表2-15**のように整理することができる。

【図表2-15】勘定科目統一の主な取組み例

効果を享受する会社	制度会計	管理会計
親会社	・連結会計基準の変更（IFRS適用） ・連結決算の信頼性向上のため子会社からの収集情報の統一	・グループ業績の視える化 ・子会社業績比較
子会社	－	・子会社における業績管理の標準化
親会社および子会社	・業務標準化	

制度会計の観点で，親会社のニーズに基づく取組みとしては，IFRS導入のような連結会計基準の変更への対応のほか，制度連結決算の信頼性向上などが挙げられる。

管理会計の観点で，グループ業績の視える化，子会社業績比較は，親会社ニーズによるものであり，子会社の管理レベル向上のための業績管理の標準化は，主に子会社が勘定科目統一の効果を享受する取組みとなる（もちろん，子会社の管理レベル向上により，グループ全体に効果が及ぶという意味ではグループ全体に効果が及ぶ）。

業務標準化は，制度会計や管理会計どちらも対象になりうるし，かつグループ全体のどの会社も効果を享受しうる取組みになる。

なお，子会社の制度会計は，子会社の所在国における法定決算対応のことであり，各国により制度が異なるため，グループで勘定科目を統一することで子会社が得られる効果はない。子会社の制度会計の信頼性向上といった目的を達成するためには，各社が各国制度を踏まえて個別に対応を行うことになる。

(7) 目的に照らした勘定科目統一の範囲のまとめ

これまで述べてきたように，勘定科目の統一といっても，統一することにより何を実現したいのかという目的により，統一の範囲が変わるということを確認してきた。統一の範囲とは，統一する階層と統一する対象会社を決めることであり（図表2-16），目的に照らして統一の範囲を決定することが必要である。

【図表2-16】勘定科目統一の範囲

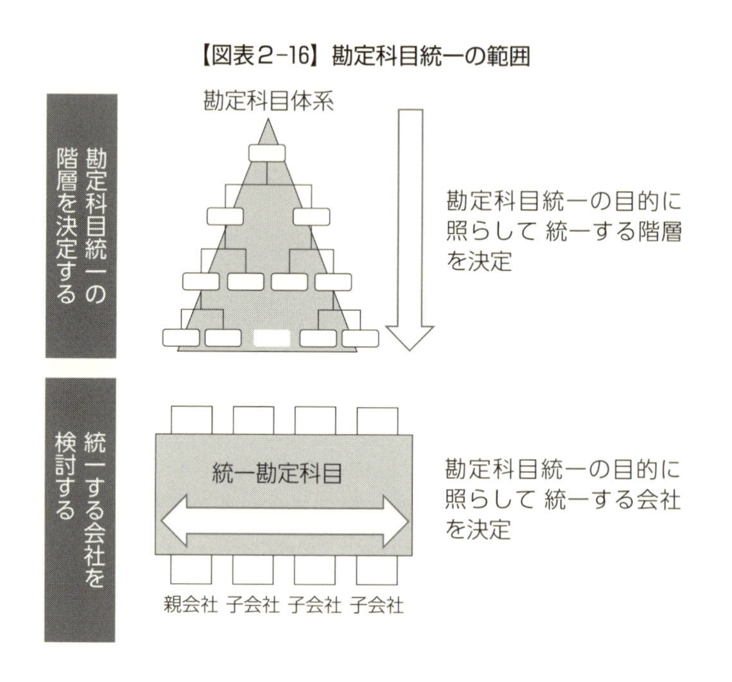

(8) 勘定科目の変換対応と各取組みとの関係

通常，実務的には仕訳記帳は会計システムで行われている。そのため，勘定科目統一のためには，グループ各社の単体会計システムに統一勘定科目を設定する必要がある。これは，使用している会計システムの改修や変更が必要となり，多大なコスト・期間を要する場合もある。このような場合に，他の要因で単体会計システムを変更する時期が到来するまでの間，グループ経営管理の強化を目指すための次善の策として，グループ各社の勘定科目から親会社収集科目への変換という手段が用いられていることはすでに述べた。

親会社収集科目への変換は，あくまで親会社がグループ各社から情報収集する際の手段であるから，連結の観点から行う勘定科目の統一の場合のみ活用できる方法でしかない。

財務経理業務の効率化を目的にSSCを導入するような場合は，末端科目まで勘定科目統一をしてグループ各社の業務の標準化を行わないと効果は得られないため，親会社収集科目への変換によっては実現できない。

グループ業績の視える化等，連結の観点から親会社がグループ各社の情報を収集する場合にのみ，グループ各社の勘定科目から親会社収集科目への変換という手段をとりうる（次頁図表2-17）。

なお，勘定科目の変換は，あくまで勘定科目の統一が実現するまでの間の次善の策であって，勘定科目の統一に比べて，グループ各社からの情報収集のスムーズさや，変換誤りがあれば情報の信頼性も劣ると考えられる。グループ経営管理を支える会計情報の質の向上のためには，勘定科目の統一を検討すべきであることは申し添えておく。

【図表2−17】勘定科目の変換を行う場面

効果を享受する会社	制度会計	管理会計
親会社	・連結会計基準の変更（IFRS適用） ・連結決算の信頼性向上のため子会社からの収集情報の統一	・グループ業績の視える化 ・子会社業績比較
子会社	−	・子会社の業績管理の標準化
親会社および子会社	・業務標準化	

勘定科目統一が実現するまでの間，グループ各社の勘定科目から親会社収集科目への変換によって対応する

Column ②

内部監査へのD&A技法の活用

内部監査は企業の法令遵守，財務報告の信頼性確保，業務・システム面での統制を合理的な範囲で保証する機能であり，企業の内部監査機能強化や関連する情報開示拡充の要請が高まっている。

2014年の会社法改正では，株主保護の強化のために親会社とその子会社からなる企業集団の業務の適正を確保するための体制整備が会社法で規定された。さらに会社法施行規則では事業報告書で内部統制の整備や運用状況の報告が義務付けられた。また，2015年６月に施行されたコーポレートガバナンス・コードでは，上場企業の取締役会，および監査役会には内部監査部門との十分な連携の確保が求められている。

企業を取り巻くビジネス環境は複雑で変化が激しく，企業が直面するリスクも多様化・複雑化している。こうした中，内部監査にD&A（Data & Analytics）技法を活用する動きが増えている。D&A技法を活用した内部監査では，情報システムを活用し，グループ各社から収集した大量の財務データや非財務データを，サンプルベースではなく，全件網羅的に分析するアプローチがとられる。企業のさまざまなデータを用いて，時系列分析や会社間の比較分析により，不正の兆候となる異常値などを検出する。不正リスク対応の強化，内部統制の強化，業務モニタリングの強化に役立つとともに，働き方改革への対応として内部監査部門内の業務の効率化を図ることもできる。

このようなD&A技法を活用して，企業グループの内部監査を効果的，効率的に実施するためには，グループ各社の財務および非財務データが標準化されている必要がある。財務データの標準化のためには，勘定科目の統一が必要になる。勘定科目の統一は，D&A技法によるデータを駆使した内部監査を実施するためにも必要な取組みである。

第3章

統一勘定科目体系の策定のポイント

◆本章のポイント◆

- 統一勘定科目体系の策定においては，連結と単体で求められる勘定科目の違い，グループ各社の事業・機能ごとに要請される勘定科目の違い，制度会計と管理会計で求められる勘定科目の違いなどを考慮して対応を検討することが必要である。
- 連結と単体で適用される会計基準が，例えば連結では日本基準，ある外国子会社ではIFRSであるなど異なる場合があり，連結科目の体系に合わせると単体の財務報告にそのまま使えないことがあることや，使用できる勘定科目に制約のある国も存在する点に注意が必要である。
- 管理上の要請により管理会計の勘定科目は制度会計に比して細かくなる。また，管理会計では，実績だけではなく，予算，見込の情報も必要となり，実績を収集する勘定科目（実績科目）とは異なる粒度の勘定科目（予算科目，見込科目）を設定することもある。
- 勘定科目コードの設定・採番方法にも留意が必要である。勘定科目コードの設定・採番方法の検討不足の結果，設定された不規則なコードにより経理業務が非効率になることもある。

第１節　統一勘定科目体系の検討時に考慮すべき事項

(1)　統一勘定科目体系の検討にあたり考慮すべき事項

第２章で述べたように，勘定科目の統一にあたっては，まず統一の目的を明確化することが必要であり，目的に応じて統一範囲（対象会社や統一階層）は異なり，結果として科目統一に係る作業負荷やコストも異なる。勘定科目統一で達成したいことは，事前に十分な時間をかけて検討することが重要である。

以下では，科目統一の目的の他に考慮しておくべき以下の事項につき説明する。これらは作業過程での手戻りを回避するために非常に重要である。

・連結会計と単体会計の関係

・事業・機能の考慮

・制度会計と管理会計の関係

(2)　連結会計と単体会計の関係

①　連結会計と単体会計の観点で考慮すべき事項

わが国の制度開示の規則である連結財務諸表規則および財務諸表等規則によると，個別財務諸表の勘定科目は連結財務諸表の勘定科目よりも粒度が細かい。例えば，財務諸表等規則上では流動資産の前渡金，前払費用の区分表示が求められるが，連結財務諸表規則上は重要性がある場合を除き求められない。

【図表3－1】連結と単体の勘定科目粒度の違い（例示）

連結財務諸表規則	財務諸表等規則
(流動資産の区分表示)	(流動資産の区分表示)
第二十三条	第十七条
流動資産に属する資産は，次に掲げる項目の区分に従い，当該資産を示す名称を付した科目をもって掲記しなければならない。ただし，当該項目に属する資産の金額が総額の百分の一以下のもので，他の項目に属する資産と一括して表示することが適当であると認められるものについては，適当な名称を付した科目をもって一括して掲記することができる。	流動資産に属する資産は，次に掲げる項目の区分に従い，当該資産を示す名称を付した科目をもって掲記しなければならない。
一　現金及び預金	一　現金及び預金
二　受取手形及び売掛金(ガイドライン23-1-2)	二　受取手形(ガイドライン17-1-2)
	三　売掛金
三　リース債権及びリース投資資産(通常の取引に基づいて発生したものに限り，破産更生債権等で一年内に回収されないことが明らかなものを除く。)	四　リース債権(通常の取引に基づいて発生したものに限り，破産更生債権等で一年内に回収されないことが明らかなものを除く。)
	五　リース投資資産(通常の取引に基づいて発生したものに限り，破産更生債権等で一年内に回収されないことが明らかなものを除く。)
四　有価証券	六　有価証券
五　商品及び製品(半製品を含む。)(ガイドライン23-1-5)	七　商品及び製品(半製品を含む。)(ガイドライン17-1-7)
六　仕掛品	八　仕掛品(ガイドライン17-1-7)
七　原材料及び貯蔵品(ガイドライン23-1-5)	九　原材料及び貯蔵品(ガイドライン17-1-7)
八　その他	十　前渡金
	十一　前払費用
	十二　その他

連結財務諸表作成実務の観点からも，単体科目は連結科目より細かい（または同じ）粒度で設定し，連結科目と単体科目が１：Nの関係で紐付いている必要がある。単体科目が連結科目より粗ければ，個別財務諸表の合算集計で連結財務諸表が作成できなくなる。また管理会計上も，連結ベースよりも精緻に行われるべき単体ベースの管理で連結よりも粗い科目を使っているということは，業績管理が有効に行われていないことを示している。

つまり，制度会計，管理会計のいずれの観点でも，グループ各社の単体科目として適用する「統一勘定科目体系」の上位階層は連結科目体系と整合させるべきである。

【図表３-２】連結科目体系と単体科目体系

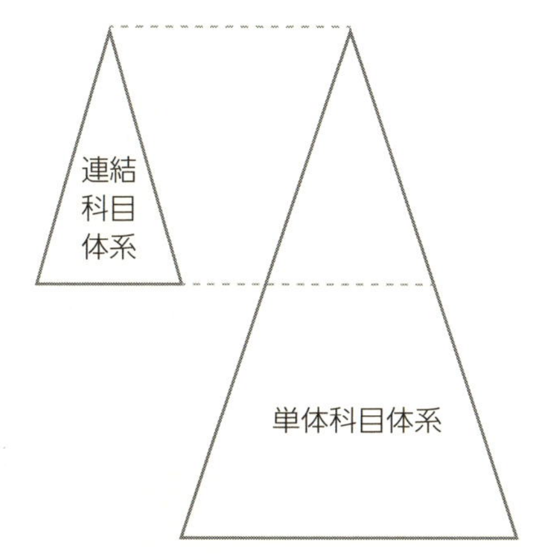

また，実務上の観点として連結キャッシュ・フロー計算書作成についても考慮が必要である。例えば，間接法による連結キャッシュ・フロー計算書の「利息の支払額」の算出を例にとると，P/L科目の「支払利息」にB/S科目の「前払利息」や「未払利息」の増減を加減算する。そのためには，連結貸借対照表や単体貸借対照表では通常表示されない「前払利息」や「未払利息」を統一勘定科目として設定することが有用である。

キャッシュ・フロー計算書作成実務の観点から，どのような科目を設定すべきか，各社の実態に応じて決定する必要がある。例えば，未払金を例にとると，通常の未払金とは別に，有形固定資産，無形固定資産，投資有価証券のそれぞれの取得に係る未払金勘定を設定することが考えられるが，投資活動によるキャッシュ・フローで「有形固定資産の取得による支出」と「無形固定資産の取得による支出」を区別せず「固定資産の取得による支出」として管理・開示している会社については，未払金を有形固定資産と無形固定資産で区分する必要はない。また，グループ会社による投資有価証券の取得が想定されない会社では，投資有価証券取得に係る未払金を勘定科目として設定せず，取得があった場合のみ報告を受けるといった対応でも十分と考えられる。

【図表3-3】キャッシュ・フロー作成を効率化させる勘定科目例

営業活動によるキャッシュ・フロー	
利息及び配当金の受取額	未収利息，前受利息
利息の支払額	前払利息，未払利息
投資活動によるキャッシュ・フロー	
有形固定資産の取得による支出	未払金(有形固定資産)
無形固定資産の取得による支出	未払金(無形固定資産)
投資有価証券の取得による支出	未払金(投資有価証券)
定期預金の預入による支出 定期預金の払戻による収入	3か月超定期
財務活動によるキャッシュ・フロー	
配当金の支払額	未払金(配当金)

前述のとおり，「統一勘定科目体系」は，上位階層は連結科目体系とし，下位階層はグループ各社が使用する単体科目という形で構成すべきものであるが，以下の2つの考慮事項がある点に注意が必要である。

(a) グループ会社の所在国で適用される会計基準

個別財務諸表は所在国の法制度で定められた会計基準に準拠して作成しなければならないという制約がある。グループ各社（単体）と親会社（連結）で適用される会計基準が異なるため，単体科目と連結科目の体系を整合させることができない場合がある。

具体的には，わが国で制度開示を行う企業は，連結財務諸表を作成する場合，日本基準，米国基準，国際財務報告基準（IFRS）および修正国際基準（JMIS）のいずれかの会計基準が適用される一方で，各グループ会社の個別財務諸表は所在国の法規制で定められた会計基準，すなわち日本に所在する親会社と国内子会社は日本基準，その他の子会社は米国基準やIFRSなどといった所在国の現地の会計基準等を適用して作成する必要がある。

【図表３-４】連結会計と単体会計の会計基準の相違例

	親会社・国内子会社	米国子会社	欧州子会社	その他の子会社
連結会計	日本基準			
		相違	相違	相違
単体会計	日本基準	米国基準	IFRS	現地基準

会計基準の違いが勘定科目の違いにつながる場合がある。例えば，有給休暇引当金は日本基準では計上されないが，米国基準やIFRSでは計上が求められる。また，日本基準の損益計算書で開示を求められる経常利益はIFRSの包括利益計算書では開示されない。経常損益区分の有無が勘定科目体系に影響する。このように，グループ各社単体の会計基準と連結会計の会計基準の違いにより，単体科目に適用する「統一勘定科目体系」の上位階層が連結科目体系と一致しない。

【図表3-5】日本基準とIFRSの連結損益計算書例

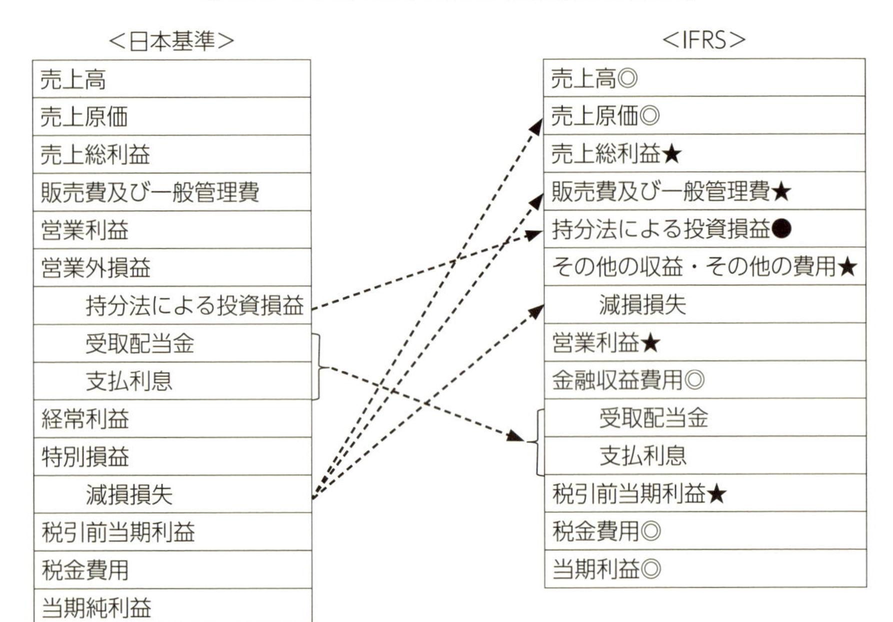

前提：機能別分類の連結損益計算書
◎　連結損益計算書で別掲が求められる項目
●　該当があれば，連結損益計算書で別掲が求められる項目
★　基準の要請はないがIFRS適用会社で一般的に開示されている項目

<主な勘定科目体系の相違点>
- 日本基準では持分法による投資損益は営業外損益に計上されるが，IFRSでは持分法投資が事業であれば営業損益に計上される。
- 日本基準では受取利息，支払利息は営業外損益に計上されるが，IFRSでは金融収益費用に計上される。
- 日本基準では経常損益および特別損益区分が要請されるが，IFRSでは設けることができない。
- 日本基準では減損損失等の特別損益に計上される科目が，IFRSでは営業損益に計上される（機能的分類に従い計上区分は異なる）。

(b)　特定の国における勘定科目の指定

中国やベトナムなどでは現地の会計基準により，会計帳簿の記帳に使用する勘定科目が指定されている。このような国に所在するグループ会社では現地の会計基準で指定されている勘定科目とは異なる勘定科目は採用できないため，勘定科目統一にあたって対応が必要となる。

【図表３-６】特定の国における勘定科目の指定（例）

国　名	制　　度
中　国	新企業会計制度を適用している企業は，中国財政部が規定する「企業会計準則」に準拠した勘定科目を使用しなければならない。 総勘定元帳科目である総分類科目（一級科目）が固定されており，各企業は，明細分類科目（二級科目および三級科目）を追加できる。
ベトナム	財務諸表作成にあたり遵守すべき法規制・会計慣行を総称して，ベトナム会計システムという。すべての企業はベトナム財務省が規定する「ベトナム会計システム」に準拠した勘定科目を使用しなければならない。勘定科目コードの上４桁が固定されており，各企業は枝番を追加できる。なお，勘定科目の追加や変更には財務省による認可が必要となる。

②　連結会計と単体会計の観点における対応

以上のように，連結会計と単体会計の会計基準の違いにより単体科目に適用する「統一勘定科目体系」の上位階層が連結科目体系と一致しない場合に必要な対応は以下の３つ（**図表３-７参照**）が考えられ，どの方法を採用するかを現地の規制や実務負担等を考慮して検討することが必要になる。

グループ業績管理のために，グループ各社が月次で財務諸表を作成して親会社に提出している会社は多いと思われる。この場合，効率性や管理精度の観点から，現地の会計帳簿の記帳や月次決算は統一勘定科目で行うほうがよい（方法１または方法２）。現地基準・科目で記帳・決算した数値をグループ統一の基準・科目に毎月組み替えて報告する（方法３）ことは非効率であるし，組み替えないまま報告する場合にはグループ業績管理の精度が不足するという難点

【図表3-7】連結会計と単体会計の観点における対応例

	連結・単体の会計基準が異なる場合に 単体科目まで勘定科目を統一する方法		連結科目と 現地単体科目を 紐付けし報告する方法
	方法1 複数帳簿	方法2 統一勘定科目記帳	方法3 現地基準記帳
内容	現地基準の勘定科目で記帳した会計帳簿と統一勘定科目を用いて記帳した帳簿の両方を作成し，それぞれの帳簿を用いて個別財務諸表の作成と親会社への報告を行う方法	グループ各社は統一勘定科目を用いて記帳した帳簿を現地基準に組み替えて個別財務諸表を作成するとともに，統一勘定科目を用いて記帳した帳簿残高を親会社へ報告する方法	現地基準に準拠した勘定科目で記帳した帳簿をもとに個別財務諸表を作成するとともに，連結科目と単体科目を紐付け（マッピング）し，単体科目を連結科目に変換したうえで親会社へ報告する方法
連結会計	連結財務諸表	連結財務諸表	連結財務諸表
単体会計	現地基準勘定科目 統一勘定科目 個別財務諸表	現地基準勘定科目 ← 統一勘定科目 組替 個別財務諸表	現地基準勘定科目 → 統一勘定科目 組替 個別財務諸表

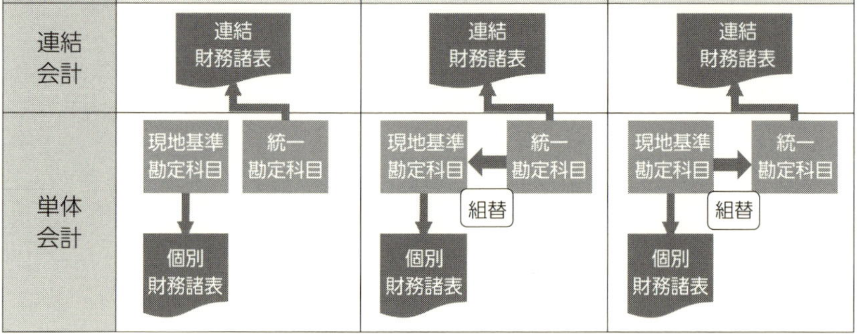

が生じるためである。

実際には，月次のグループ業績管理では高い精度を求めていない，基準や科目の違いから生じる影響に重要性がない，またはグループ各社に対するガバナンス不足などが理由で，年に1度しか作成しない現地国決算のため，現地基準・科目を利用して記帳・月次決算が行われているケースが多いと見られる。勘定科目統一の取組みにあたっては，安易な現状維持型の解決策によって非効率や精度不足が温存されることのないようにすべきである。

なお，これらの方法のうち，現地基準で記帳に使用する勘定科目まで指定されている場合，方法2は採用できないことに留意が必要である。

(3) 事業・機能に関する考慮

① 事業・機能の観点で考慮すべき事項と対応

(a) 考慮すべき事項

多角化により複数の事業を有している企業グループが存在し，事業ごとにグループ会社を有している場合がある。また，生産子会社，販売子会社といったようにグループ会社が担う機能が異なるケースは多い。統一勘定科目体系を策定する際には，これら事業や機能の違いから生じる管理会計上の要請を考慮する必要がある。

例えば，企業グループ内に製品の製造販売を行うA事業と商品やサービスの小売販売を行うB事業がある場合，A事業に属するグループ会社では原価管理が重要となるため製造原価の内訳科目を細かく設定して管理するのに対し，B事業に属するグループ会社では販売活動を管理するために売上高や販売費の内訳科目を重視することが多い。同様のことが，同一事業内の生産子会社と販売子会社でも当てはまる。

このように事業や機能が異なれば，業績管理において重視する勘定科目が異なる。よって，グループ各社には異なる勘定科目体系が適するという結論になる可能性が高い。

一方，同一事業に属するグループ会社間や，販売子会社などの同一機能を持つグループ会社間で勘定科目を統一することのメリットは大きい。例えば，同じ製品を複数のグループ会社で製造している場合の原価比較を可能とし，グループとしての原価低減活動とそのモニタリングや最適生産地の選択などがしやすくなる。

勘定科目統一にあたっては，事業・機能に応じて管理すべき項目を明確にし，その項目を集計する勘定科目とその定義・使用方法について統一を図ることが重要である。

【図表３−８】生産子会社と販売子会社の勘定科目体系の相違（例）

生産子会社

損益計算書

売上高
売上原価
　期首製品棚卸高
　当期製品製造費用
　　期首仕掛品たな卸高
　　　合計
　期末仕掛品たな卸高
　当期製品製造原価
売上総利益
販売費及び一般管理費
　給与手当
　減価償却費
　研究開発費
　引当金繰入額
営業利益

製造原価明細書

Ⅰ　材料費
Ⅱ　労務費
Ⅲ　経費
　　外注加工費
　　水道光熱費
　　減価償却費
　　修繕費
　　保険料
　　研究開発費
　　その他
　当期総製造費用
　期首仕掛品たな卸高
　　　計
　期末仕掛品たな卸高
　他勘定振替高
　当期製品製造原価

販売子会社

損益計算書

売上高
売上原価
　期首商品棚卸高
　当期商品仕入高
　期末商品棚卸高
　　合計
　期末商品たな卸高
　当期製品製造原価
売上総利益
販売費及び一般管理費
　給与手当
　運賃
　保管料
　旅費交通費
　広告宣伝費
　外部委託費
　減価償却費
　支払賃借料
　引当金繰入額
営業利益

売上原価明細書

　支払賃借料
　減価償却費
　諸経費
　　売上原価

(b) 対　応

上述のように，連結グループに複数の事業や機能子会社があり，それぞれ管理会計上設定すべき勘定科目が異なる場合の対応として，以下の３つの方法があると考えられる。

① すべての事業・機能の要望を取り込んで勘定科目を統一する方法

② 事業・機能別に勘定科目を統一する方法

③ 主要な事業・機能に合わせて勘定科目を統一する方法

１つ目の方法は，属する事業や有する機能にかかわらず，すべてのグループ会社で必要な勘定科目が設定できる一方で，統一勘定科目の数が大幅に増加するため，ユーザーが正しい勘定科目を選択して利用することの負荷が大きくなることに加え，設定・使用制限や科目追加・変更時のメンテナンス作業が煩雑になる可能性があることに留意が必要である。

【図表３-９】すべての事業・機能の要望を取り込んで勘定科目を統一する方法

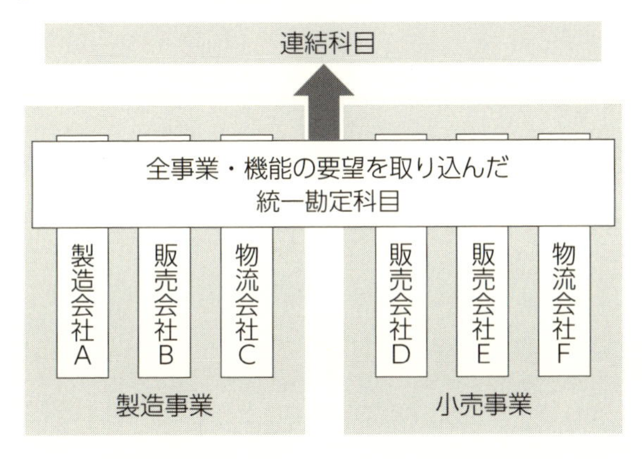

２つ目の方法で留意すべきは，グループ会社が属する事業や有する機能に適した勘定科目が設定できる一方で，複数の事業・機能ごとの要請を反映する必要があり，その要請の確認，検証の初期設定やその後のメンテナンスが煩雑になる可能性があるというデメリットがある点である。

【図表３-10】事業・機能別に勘定科目を統一する方法

連結科目

事業グループ別統一勘定科目
製造会社A
販売会社B
物流会社C
製造事業

事業グループ別統一勘定科目
販売会社D
販売会社E
物流会社F
小売事業

連結科目

機能グループ別統一勘定科目
製造会社A
製造会社G
製造会社H
製造機能

機能グループ別統一勘定科目
販売会社B
販売会社D
販売会社E
販売機能

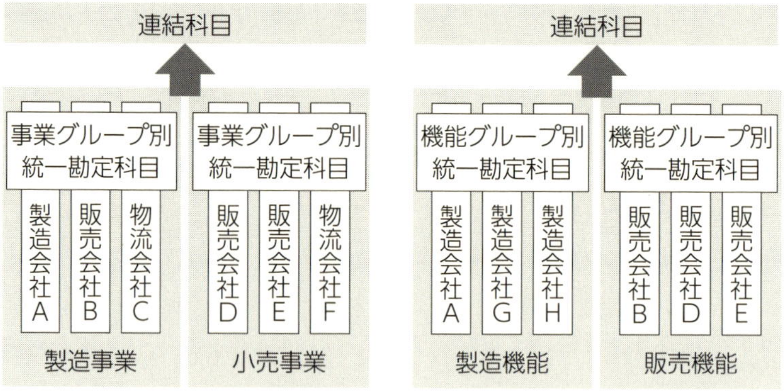

３つ目の主要な事業・機能に合わせて勘定科目を統一する方法は，連結グループに占める主要事業の割合が大きく，その他の事業の管理上の重要性が乏しい場合に採用される。この方法は１つ目の方法に比べて，統一勘定科目の数が少なくなるメリットがあるが，主要な事業以外の事業で固有のニーズがある勘定科目が設定されていないため，グループ・単体それぞれの業績管理の要件への対応を検討する必要が生じる。例えば，主要事業が小売業であるグループの中に建設業の子会社がある場合を考える。この場合，小売業に合わせた統一

【図表３-11】主要な事業・機能に合わせて勘定科目を統一する方法

連結科目

主要な事業・機能に合わせた統一勘定科目
物流会社C
製造会社A
販売会社B
製造事業
販売会社D
販売会社E
物流会社F
小売事業

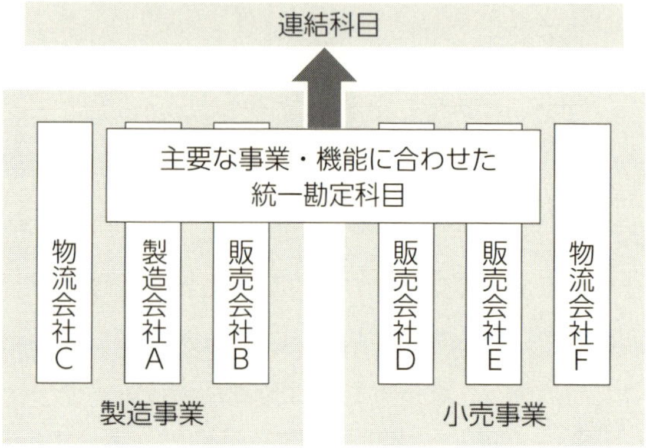

勘定科目のみを設定すると，建設業で必要となる未成工事支出金や工事損失引当金といった科目は統一勘定科目内に存在しないこととなる。グループとしてこれらの科目残高の管理が必要である場合には，これらの建設業に固有の科目を統一勘定科目に加えるか，統一勘定科目の棚卸資産科目や引当金科目に含まれているこれらの残高を別途収集することが必要となる。

②　別記事業への開示対応

(a)　考慮すべき事項

上記①で事業・機能の違いと対応について説明したが，わが国では，**図表3-12，図表3-13**のように制度開示で必要となる勘定科目が定められている事業がある。具体的には，各省庁が規定する準則により，財務諸表等規則の別記に掲げられる事業（以下，「別記事業」という）を営む株式会社または指定法人に関する勘定科目が定められている。この別記事業に該当する企業は，指定された勘定科目を用いて財務諸表を開示する必要がある。

このように，国内グループ各社に別記事業が含まれる場合には，勘定科目体系を構築する際に，別記事業の財務諸表の開示への対応も考慮する必要がある。

【図表3-12】別記に掲げる事業に係る開示制度

財務諸表等規則において，「別記に掲げる事業（以下「別記事業」という。）を営む株式会社等が，当該事業の所管官庁に提出する財務諸表の用語，様式及び作成方法について，特に法令の定めがある場合又は当該事業の所管官庁がこの規則に準じて制定した財務諸表準則（以下「準則」という。）がある場合には，～略～，その法令又は準則の定めによるものとする」，と規定されている。なお，別記事業は財務諸表等規則別記で以下の業種が対象とされている。

<別記事業の一覧>

建設業，銀行・信託業，建設業保証業，第一種金融商品取引業，保険業，民営鉄道業，水運業，道路運送固定施設業，電気通信業，電気業，ガス業，中小企業等金融業，農林水産金融業，資産流動化業，投資運用業，投資業，特定金融業，医業，学校設置事業

【図表3-13】別記事業の損益計算書（電気事業・ガス事業）

電気事業　損益計算書　例（抜粋）

- 営業収益
  - 電気事業営業収益
    - 電灯料
    - 電力料
    - 地帯間販売電力料
    - 他社販売電力料
    - 託送収益
    - 使用済燃料再処理等既発電料受取契約締結分
    - 事業者間精算収益
    - 再エネ特措法交付金
    - 電気事業雑収益
    - 貸付設備収益
  - 附帯事業営業収益
    - …
- 営業費用
  - 電気事業営業費用
    - 水力発電費
    - 汽力発電費
    - 原子力発電費
    - 内燃力発電費
    - 新エネルギー等発電費
    - 地帯間購入電力料
    - 他社購入電力料
    - 送電費
    - 変電費
    - 配電費
    - 販売費
    - 貸付設備費
    - 一般管理費
    - 再エネ特措法納付金
    - 電源開発促進税
    - 事業税
    - 電力費振替勘定（貸方）
  - 附帯事業営業費用
- 営業利益

ガス事業　損益計算書　例（抜粋）

- 製品売上
  - ガス売上
  - …
- 売上原価
  - 期首たな卸高
  - 当期製品製造原価
  - 当期製品仕入高
  - 当期製品自家使用高
  - 期末たな卸高
- 売上総利益
- 供給販売費及び一般管理費
  - …
- 事業利益
- 営業雑収益
  - 受注工事収益
  - その他営業雑収益
- 営業雑費用
  - 受注工事費用
  - その他営業雑費用
- 附帯事業収益
  - …
- 附帯事業費用
  - …
- 営業利益

電気事業　貸借対照表　資産の部例（抜粋）

- 資産の部
  - 固定資産
    - 電気事業固定資産
    - 附帯事業固定資産
    - 事業外固定資産
    - 固定資産仮勘定
    - 投資その他の資産
- 流動資産
  - 現金及び預金
  - 受取手形
  - 売掛金
  - …
- 資産合計

ガス事業　貸借対照表　資産の部例（抜粋）

- 資産の部
  - 固定資産
    - 有形固定資産
    - 無形固定資産
    - のれん
    - その他無形固定資産
    - 投資その他の資産
  - 流動資産
    - 現金及び預金
    - 受取手形
    - 売掛金
    - …
- 資産合計

(b) 対　応

上述のように，別記事業に準拠した財務諸表の作成が必要となり，事業別に制度会計科目が異なる場合，以下の３つの対応方法がある。

１つ目は，すべての事業の要望を取り込んで勘定科目を統一し，各事業の財務諸表を作成する方法である。

２つ目は，事業別に勘定科目を統一し，別記事業に準拠した財務諸表を組み替えることなく作成する方法である。

３つ目は，主要な事業に合わせて勘定科目を統一し，別記事業に準拠した財務諸表を組み替えて作成する方法である。

１つ目のすべての事業の要望を取り込んで勘定科目を統一する方法は，各社は組替処理を行うことなく単体財務諸表を作成することが可能である。連結財務諸表については，別記事業の勘定科目は連結科目よりも細かく設定されており体系が異なるため，連結科目へ変換するために集約処理が必要となると想定される。この方法はすべての事業の要望を取り込む必要があり，考慮すべきは統一勘定科目の設定，メンテナンスに必要な工数である。

【図表３-14】すべての事業の要望を取り込んで勘定科目を統一する方法

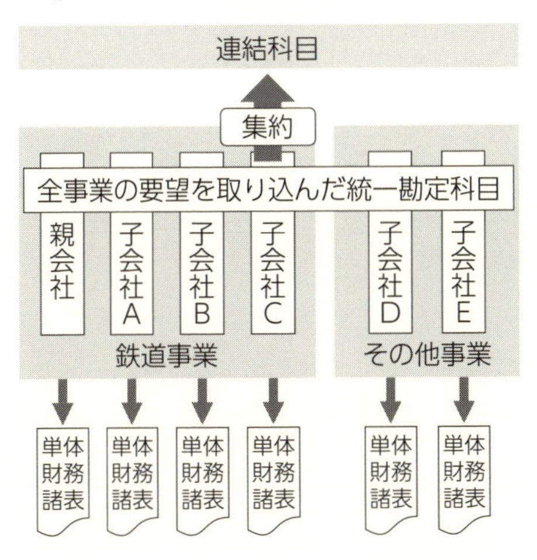

２つ目の事業別に勘定科目を統一する方法は，別記事業およびその他事業は自事業の統一勘定科目を用いて単体の財務諸表を作成できる。連結財務諸表作成に際して集約処理が必要な点は１つ目の方法と同様であり，１つ目の方法と

【図表３-15】事業別に勘定科目を統一する方法

連結科目
集約
事業別の統一勘定科目
親会社
子会社A
子会社B
子会社C
鉄道事業
事業別の統一勘定科目
子会社D
子会社E
その他事業
単体財務諸表
単体財務諸表
単体財務諸表
単体財務諸表
単体財務諸表
単体財務諸表

【図表３-16】主要な事業に合わせて勘定科目を統一する方法

連結科目
組替・集約
主要な事業（鉄道事業）の統一勘定科目
親会社
子会社A
子会社B
子会社C
子会社D
子会社E
鉄道事業
その他事業
組替
組替
単体財務諸表
単体財務諸表
単体財務諸表
単体財務諸表
単体財務諸表
単体財務諸表

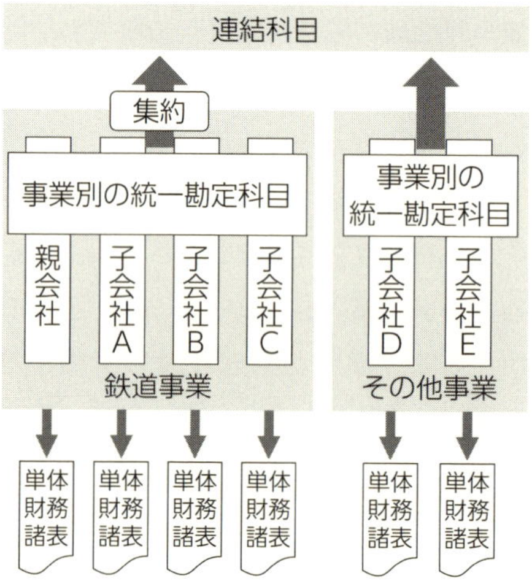

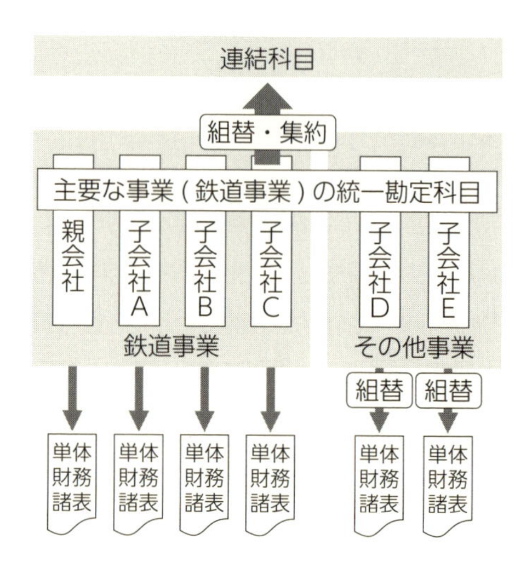

の違いは各事業の要望を取り込む際に影響を受ける勘定科目体系の範囲が限定的で狭い点である。

３つ目の主要な事業に合わせて勘定科目を統一する方法は，別記事業を主要な事業とした場合，主要な事業以外の事業を行う子会社は組替処理を行って単体の財務諸表を作成する必要がある。主要な事業以外の事業の割合が小さく，該当するグループ会社数が少ない場合にのみ採用できると想定される。

(4)　制度会計と管理会計の関係

①　制度会計と管理会計の観点で考慮すべき事項と対応

(a)　考慮すべき事項

一般的に制度会計用の勘定科目（制度会計科目）と管理会計用の勘定科目（管理会計科目）は粒度が異なり，管理会計科目のほうが制度会計科目よりも細かくなることが多い。これには主に以下の２つの理由がある。

まず，制度会計上は開示を求められないが，管理の必要がある勘定科目があるためである。例えば，制度会計の開示対応上は「売上高」という勘定科目があればよいが，業績管理上は売上高の性質を把握したいため，管理会計科目として製商品売上高，工事売上高，受託サービス収益などに勘定科目を展開するようなケースである。このように管理会計上把握したい情報を収集するため，勘定科目を細分化することは有用な手段であり多く見受けられるが，過度に細かい勘定科目を数多く設定することは避けたい。

こうした管理上のニーズは勘定科目の細分化ではなく，会計情報の勘定科目以外の属性情報を使用することで対応できるからであり，勘定科目以外の属性を利用するほうが多面的な分析が可能になるからである。例えば，製品群や仕向け地などを属性として保持すれば，勘定科目で輸出売上を設定せずとも輸出売上金額の把握が可能であるし，また属性情報を組み合わせることで製品群別かつ地域別の分析なども可能となる。

もう１つの理由は，間接部門の配賦費用や部門間・事業間などの振替費用など，制度会計上は必要ないが，管理会計上で部門別損益や事業別損益を適正に

【図表3-17】制度会計科目と管理会計科目が異なる例（その1）

【図表3-18】勘定科目以外の属性例

【仕訳明細】

勘定科目	伝票日付	金額	事業属性	製品群属性	仕向け地属性	…
売上高	2020.01.31	100	A事業	a	日本	
売上高	2020.02.10	40	B事業	x	タイ	
売上高	2020.02.25	15	A事業	c	米国	
売上高	2020.03.01	130	A事業	b	インド	
売上高	2020.03.20	50	B事業	z	フランス	
売上高	2020.03.31	40	A事業	c	中国	

【売上分析レポート】

仕向け地属性		A事業				B事業		
		製品群a	製品群b	製品群c	製品群d	製品群x	製品群y	製品群z
国内	日本	100	200	100	100	100	100	100
アジア	中国	30	35	40	130	20	40	40
	タイ	10	5	15	20	40	20	50
	インド	40	130	40	130	20	40	40
米国	米国	15	40	15	20	45	25	50
欧州	イギリス	40	130	40	130	20	40	40
	フランス	55	40	10	20	40	50	50

事業属性

製品属性

【図表３-19】制度会計科目と管理会計科目が異なる例（その２）

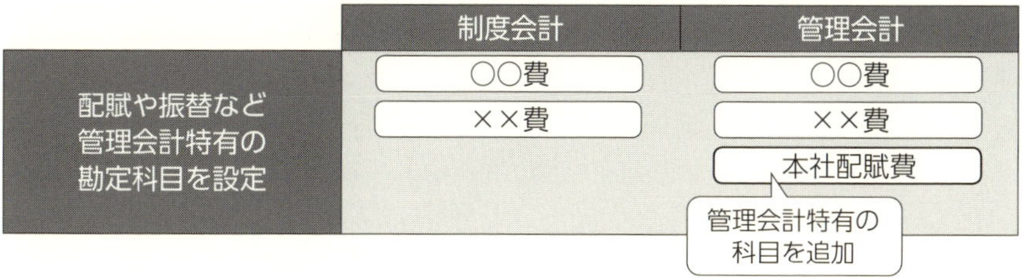

	制度会計	管理会計
配賦や振替など管理会計特有の勘定科目を設定	○○費	○○費
	××費	××費
		本社配賦費

管理会計特有の
科目を追加

算定するために必要となる勘定科目があるためである。このような勘定科目を設定することにより，制度会計の勘定科目数より管理会計の勘定科目数のほうが多くなることが一般的である。また，制度会計上では必要ないが，管理会計上必要となる集計科目を追加するような場合もこの理由に該当する。例えば，業績管理指標としてROIC（Return on Investment Capital；投下資本利益率）を採用している場合，ROIC算出のために，制度会計科目では総資産，負債，

【図表３-20】制度会計と管理会計で異なる勘定科目体系例

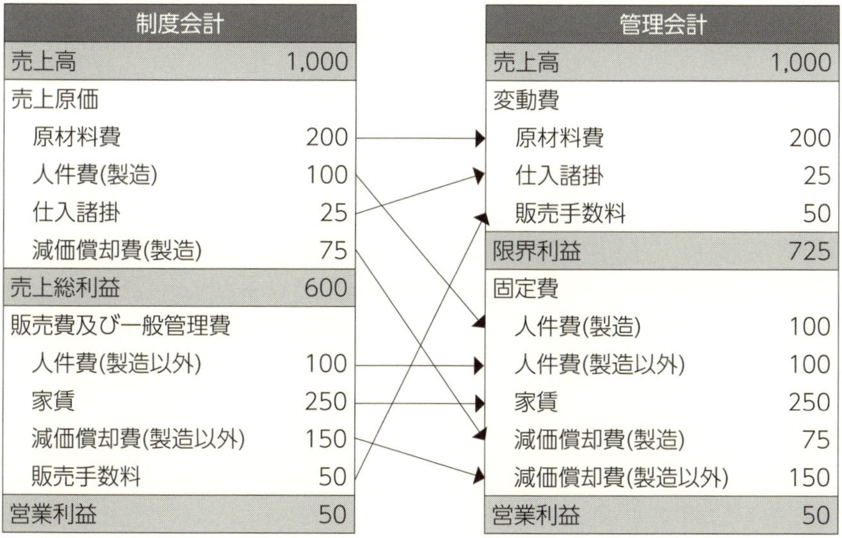

制度会計	
売上高	1,000
売上原価	
原材料費	200
人件費(製造)	100
仕入諸掛	25
減価償却費(製造)	75
売上総利益	600
販売費及び一般管理費	
人件費(製造以外)	100
家賃	250
減価償却費(製造以外)	150
販売手数料	50
営業利益	50

管理会計	
売上高	1,000
変動費	
原材料費	200
仕入諸掛	25
販売手数料	50
限界利益	725
固定費	
人件費(製造)	100
人件費(製造以外)	100
家賃	250
減価償却費(製造)	75
減価償却費(製造以外)	150
営業利益	50

【図表3-21】機能別費用と性質別費用

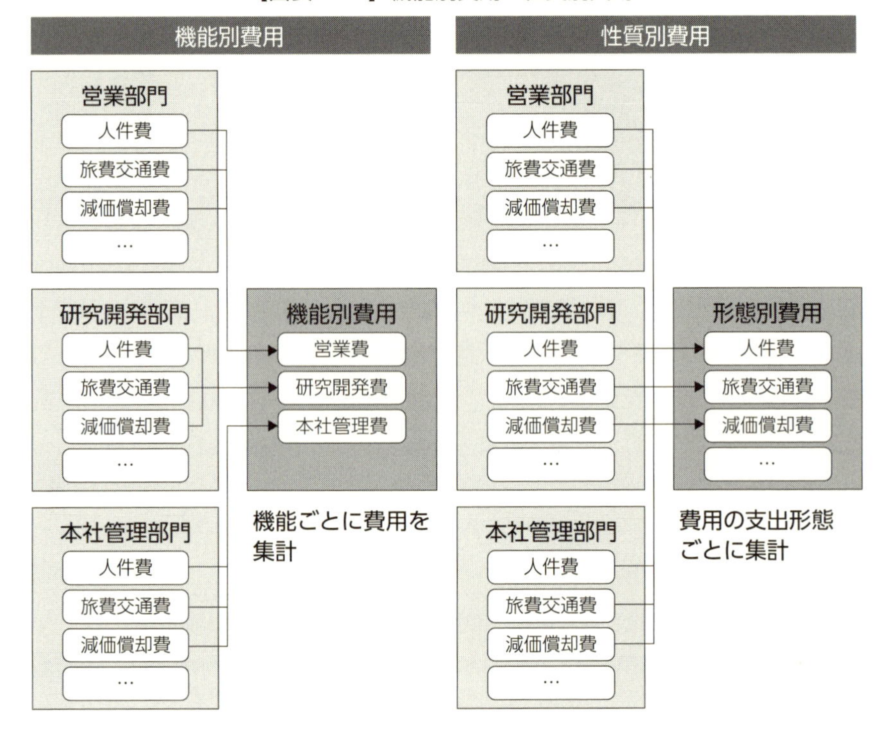

純資産に分かれるB/Sを，管理会計上は事業資産を集計科目として別途保持するようなケースが該当する。財務面の安全性分析のために流動負債の短期借入金などと固定負債の長期借入金などを集計し，有利子負債という勘定科目を設定するような場合も同様である。ただし，このような管理会計上必要となる科目は制度会計科目の内訳として設定される，もしくはいくつかの制度会計科目を集約した科目となるため，勘定科目体系としては制度会計と管理会計は一体の体系となる。

一方，統一勘定科目体系を制度会計と管理会計で別の体系とするケースもある。例えば，制度会計では人件費や旅費交通費，減価償却費などのように性質別に費用集計されるが，管理会計では販売費，情報システム費，本社管理費などのように機能別に費用集計して管理するニーズがある場合である。また，制度会計では全部原価計算で売上原価，販管費，営業外費用などに区分するが，管理会計上は費用を変動費と固定費に分けて管理し，直接原価計算で製品原価を算定するニーズがある場合も，制度会計と管理会計では科目体系が異なることになる。

図表３-20，図表３-21で示したようなケースにおいては，制度会計と管理会計それぞれの要請を満たす統一勘定科目体系を設定し，両者の関係性を明確にしておくことが重要である。例えば，営業部門は管理会計上の勘定科目に基づき業績管理を行うが，経理部門は決算業務の過程で制度会計上の勘定科目の残高を取り扱っているため，部門間の意思疎通がうまくいかないことがある。こうした事態を避けるべく，管理会計と制度会計の勘定科目間の関係を明確にし，各部門での業務に必要な会計情報を提供していくことが経理部門の責任といえる。

【図表３-22】制度会計と管理会計の対応方法

制度会計と管理会計で
別の勘定科目体系を持つ方法

個社末端科目

制度会計科目体系
売上原価
××費
△△費
販売管理費
○○費
□□費

＝

管理会計科目体系
変動費
××費
△△費
固定費
○○費
□□費

個社末端科目は制管共通だが，中間科目への集計方法が財務会計と管理会計で異なる。

科目属性情報に基づき
管理会計情報を集計をする方法

個社末端科目　科目属性

勘定科目体系（制管共通）
売上原価
××費　変動費
△△費　固定費
販売管理費
○○費　変動費
□□費　固定費

変動費
固定費

科目属性情報に基づき，管理会計情報を別途集計する。

(b) 対　　応

上記(a)で説明したように制度会計と管理会計で異なる勘定科目体系が要請される場合の対応として，大別すると以下の２つの方法がある。

制度会計と管理会計で別の勘定科目体系を持つ方法と，制管共通の勘定科目体系を策定し科目属性情報に基づき管理会計情報を集計する方法である。

前者の方法の場合，勘定科目の新設や変更に際して，制度会計科目体系と管理会計科目体系の両方のメンテナンスが必要となる。このメンテナンスが煩雑であり，ミスの原因となりやすい。一方後者は，勘定科目を管理のニーズに合わせて分けるのではなく，例えば，費用項目の各勘定科目に変動費または固定費の費用属性情報を持たせたり，各部門に製造，販売，管理などの機能属性情報を設定したりすることで，勘定科目による集計とは別に属性ごとに集計する方法である。ただし，属性による集計で管理ニーズを満たすためには，例えば，変動費取引と固定費取引が混在するような勘定科目について勘定科目を２つに分けて設定する必要があるとともに，取引ごとに変動費と固定費を区分して異なる勘定科目に仕訳記帳を行う必要があるなど，経理実務が煩雑となる懸念も伴う。

どちらの方法がよいとは一概にいえるものではないが，実現したい管理会計の内容・精度や，実務部門の負担を踏まえてこれらの対応方法のどちらを採用するのかを検討することが必要となる。

②　実績・予算・見込の観点で考慮すべき事項と対応

(a)　考慮すべき事項

グループ業績管理の観点では，統一勘定科目を用いて予算管理や見込管理を行うことが有用であるが，このためには，実績を集計する勘定科目（実績科目）だけではなく，予算や見込数値を計上する勘定科目（予算科目，見込科目）も統一する必要がある。ここでの「見込」とは，月次などのタイミングで作成する将来の業績予測を指す。月次で直近四半期もしくは年度末までの見込を作成し，年度目標や四半期目標に対する進捗管理を行っている企業も多い。

【図表3-23】予実管理と見込管理

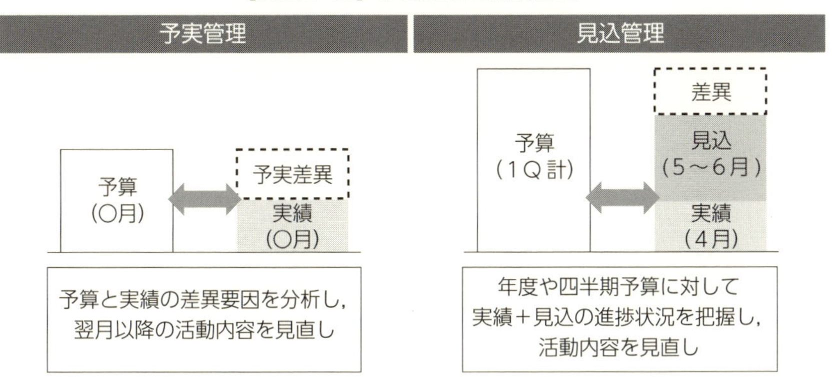

予算管理では実績と予算を比較して必要なアクションを検討するため，予算科目は実績との対比ができ，必要なアクションを検討できる粒度で設定する必要がある。計画したアクションの期待成果を予算科目で計上しているため，アクションの実際の成果が予算科目と異なる実績科目に計上される場合や，複数の予算科目に対応する実績科目に計上される場合には，アクションの成否が正確にわからず，有効な予算管理にならないためである。

予算と見込の比較では，通常見込は予算より速報性に対する要求が高く，また作成頻度が高い点に考慮が必要である。

(b) 対　応

上述のとおり，予算管理や見込管理に利用する実績・予算・見込科目を統一勘定科目体系とする際には，業績管理上で求める予算・見込情報の粒度，およびそれぞれの数値の作成負荷を考慮することが必要である。

実際の対応としては実績・予算・見込の勘定科目粒度を同じ粒度とするケースと，実績より予算・見込の勘定科目粒度を粗くするケースが考えられる。後者ではさらに予算科目と見込科目を同じ粒度で設定するケースと，見込科目を予算科目より粗くするケースがある。

どの方法がよいかは各企業の業績管理のニーズに依存するため一概にはいえ

【図表3-24】実績・予算・見込の勘定科目体系策定における対応

実績・予算・見込の勘定科目粒度を同じ粒度とする方法	実績より予算・見込の勘定科目粒度を粗くする方法

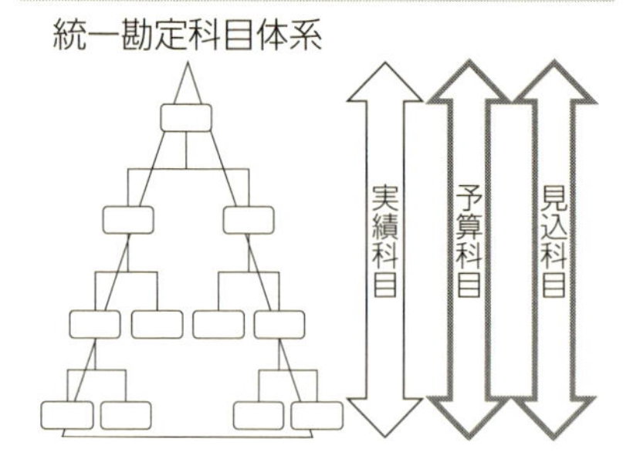

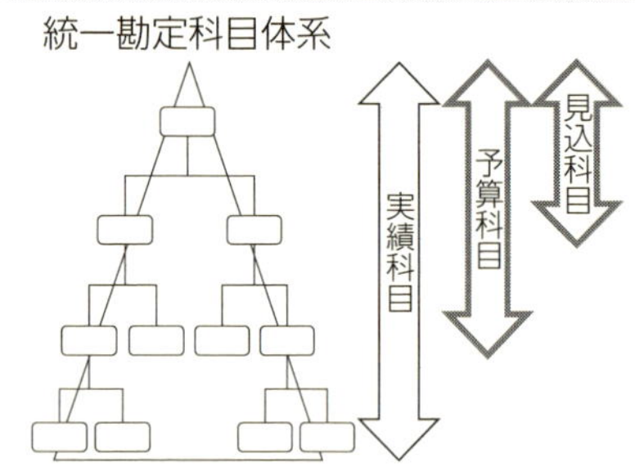

（注）予算科目は見込科目より粒度が細かい場合と同一粒度となる場合がある。

ない。すべての粒度を揃えるのがシンプルであるし，正確であるためメリットが大きいように思えるが，考慮すべき点もある。

実績科目は，日々の仕訳が積み上がって残高を構成するため細かく勘定科目を設定することによる負荷は限定的であり，また精緻な前期比分析や内訳把握の点からも細かい粒度には利点が大きい。

これに対して，予算は，根拠やアクションを検討して作成しなければならな

【図表3-25】実績よりも予算見込科目粒度が粗い例

実績科目	予算科目	見込科目
給与(基本給)	給　与	人件費
給与(手当)		
給与(残業)		
雑給	雑　給	
雑給(手当)		
…	…	…

い数値であり，その目的はアクションへとつなげることであるため，アクションと対応しない過度に詳細な粒度の予算科目は必要なく，むしろ作成実務負荷軽減のためにはできるだけ粗い粒度で設定すべきものである。

見込科目についても，見込数値に基づいて将来のアクションの検討を行う場合には，見込科目も予算科目と同様に実績科目と同じ粒度か，実績科目のほうが細かい粒度となるようにすべきである。実際の対応としては速報性や作成頻度を考慮し，実務上の負担を軽減するために，見込科目の粒度は情報の有用性を損なわない範囲で予算科目より粗く設定する対応が適する場合が多い。

(5) その他

統一勘定科目の策定にあたっては，上記(3)，(4)以外に，下記についても考慮しておくことが有用である。

① 税務申告への対応

各種税務申告に対応するために，特定の勘定科目を細分化している場合がある。次頁の**図表３-26**は日本企業の法人税申告書作成に使用する科目の例である。このような税務申告用の科目を設定しておくと税務申告書を正しく作成することができるであろう。

所在国ごとに税務用の勘定科目も異なるため，税務用の科目は，統一科目より下層の個社末端科目や補助科目で設定するのが現実的である。

② 原価計算方法

原価計算方法には，実際原価計算と標準原価計算がある。実際原価計算は製品の実際原価を集計する計算方法であるのに対し，標準原価計算は製品の原価を予測される財貨消費量，および予定価格または正常価格をもって計算する方法である。標準原価計算で計算された製造原価と実際発生額との差額を原則として売上原価として処理する。このように，実際原価計算と標準原価計算の計算方法が異なるため，必要となる勘定科目体系も異なるものとなる。勘定科目

【図表3-26】わが国の法人税申告用の勘定科目例

大科目	小　科　目
租税公課	租税公課 不動産取得税
	租税公課 固定・償却資産税
	租税公課 事業・事業所税
	租税公課 延滞税等加算
寄付金	一般寄付金
	指定寄付金
	特定公益増進法人等寄付金
交際費	接待交際費
	交際費（旅費交通費）
減価償却費	少額資産減価償却費
	一括償却資産償却費
棚卸資産評価損	棚卸資産評価損（原価）
	棚卸資産評価損（営業外）
未払費用	未払費用（未確定債務名）
未収入金	未収還付法人税等
	未収還付消費税
長期前払費用	長期前払費用（工事負担金）

体系を策定する際には，グループ各社が適用する原価計算方法を考慮する必要がある。

③　製造原価と販売費及び一般管理費の双方で計上される性質が共通する費用

人件費や経費などの費用は製造原価にも販売費及び一般管理費にも計上される。製造費用の内訳科目と販売費及び一般管理費の科目体系を統一することを検討すべきである。

例えば，製造費用の中の製造労務費の内訳として「給与（基本給）」，「給与（手当）」，「給与手当（時間外）」などの勘定科目を設定しているが，販売費及び一般管理としては「給与手当」の勘定科目しか設定していない場合，全社の「給与手当（時間外）」は勘定科目で集計できず，勘定科目を使った管理が行え

【図表3-27】実際原価計算と標準原価計算の勘定科目の相違

実際原価計算	標準原価計算
損益計算書	損益計算書
Ⅰ　売上高	Ⅰ　売上高
Ⅱ　売上原価	Ⅱ　売上原価
1．期首製品棚卸高	1．期首製品棚卸高
2．当期製品製造原価	2．当期製品製造原価
合　　計	合　　計
3．期末製品棚卸高	3．期末製品棚卸高
差　　引	差　　引
	4．原価差異
	直接材料費差異
	直接労務費差異
	製造間接費差異
売上総利益	売上総利益
Ⅲ　販売費及び一般管理費	Ⅲ　販売費及び一般管理費
営業利益	営業利益

ないこととなる。各企業の管理ニーズにもよるが，人件費や物流関連費用など，特定の性質の費用を部門横断で集計して分析し，全社レベルで管理・低減を図ろうとする動きは珍しくないのではないだろうか。そのため，製造費用と販売費及び一般管理費に跨るが，計上部門の属性が異なるだけで，性質が共通する費用についてはそれぞれの区分で粒度を揃えて同様の勘定科目を設定し，計上部門の属性に応じた集計を容易にしておくことが望ましい。

ただし，必要以上に製造原価と販売費及び一般管理費で同じ勘定科目を設定するのは避けるべきである。管理上のニーズについて十分な検討を行わずに，販売費及び一般管理費に含まれる勘定科目がすべて製造原価にも設定されている事例を見かけることもある。例えば，本来原価部門では使用しない広告宣伝費を製造原価の内訳として設定するケースなど，不要であることに加え，ミスの原因となるおそれもある。むやみに製造原価と販売費及び一般管理費で同じ勘定科目を設定するのではなく，管理上のニーズや勘定科目の内容を十分に理解，把握したうえで勘定科目を設定することが必要である。

第２節　勘定科目コード設定

勘定科目は通常，会計システムに設定されて利用することになるため，勘定科目コードの設定が必要となる。コード設定の意義，コード設定の考え方や考慮すべき事項を以下で説明する。

(1)　勘定科目コード設定の意義

勘定科目コード設定の意義は，会計システムによる経理業務を可能とすることである。各勘定科目にユニークなコードを設定することで，システム内で勘定科目が一意的に特定され，勘定科目コードをキーとしたさまざまなシステム処理が可能となる。勘定科目コードの設定の意義は上述のとおりであるが，勘定科目のメンテナンスや入力時の検索など，勘定科目コードが人間系の業務にも利用されることから，コード体系は勘定科目の体系に基づいて構築されている必要がある。例えば，資産項目は１，負債項目は２，株主資本・純資産項目は３から始まるようにコード設定することなどが考えられる。勘定科目体系を無視して，例えば，資産項目に含めるべき勘定科目に１から始まるものと６から始まるものが混在するような設定の方法は利用者を混乱させるため絶対に避けるべきである。

勘定科目体系に基づく理解しやすい勘定科目コード体系があることで，勘定科目コードを用いた仕訳入力や上位階層から下位階層の科目へと絞り込んでいく形での効率的な検索が可能となる。適切な勘定科目コードの設定は経理業務効率化の面で有用である。

また，例えば販売費及び一般管理費の全データを抽出したい場合を考える。仮に勘定科目コードがなければ販売費及び一般管理費に含まれる勘定科目名の分を個別に抽出する必要があるが，勘定科目コードに図表３-28のようなルールを設定し勘定科目コードに意味を持たせておけば，勘定科目コードについて「６で始まる」,「600000～699999」といった検索・抽出条件を使用すれば，手

【図表3-28】勘定科目コードの意味付け例

勘定科目コード	大 項 目
1＊＊＊＊＊	資産
2＊＊＊＊＊	負債
3＊＊＊＊＊	株主資本・純資産
4＊＊＊＊＊	売上
5＊＊＊＊＊	売上原価
6＊＊＊＊＊	販売費及び一般管理費
7＊＊＊＊＊	営業外収益・費用
8＊＊＊＊＊	特別利益・特別損失
9＊＊＊＊＊	税金

間を掛けずにデータ抽出が可能である。

(2) 勘定科目コード設定の考え方

上述したように勘定科目コードを人間が使用するためには，例えば**図表3-**

【図表3-29】階層・桁数・分類例

階層	桁数	分 類	
大区分	1	B/S	資産・負債・資本
		P/L	売上高・売上原価・販管費・営業外・特別
中区分	1	B/S	流動資産・固定資産，繰延資産
		P/L	販売費・一般管理費・営業外収益・営業外費用
小区分	2	B/S	当座資産・棚卸資産・その他流動資産
		P/L	材料費・労務費・経費
連結科目	2	B/S	現金・預金・売掛金
		P/L	保険料・水道光熱費
単体科目	2	B/S	当座預金・普通預金・定期預金
		P/L	電力料・ガス代・水道料
細目科目	2	B/S	当座預金（銀行別）
		P/L	電力料（変動費・固定費）

29のように勘定科目体系の階層に基づいて勘定科目コードも体系的に階層化し，図表３-30のように勘定科目体系の階層ごとにコードの桁数を割り振って両体系が整合するようにする。この際，階層ごとに割り振る桁数は，同じ階層に含まれる科目の数やシステムの制約等を踏まえたうえで決定すべきである。

【図表３-30】図表３-28の場合の勘定科目コード体系例

大区分コード1桁	中区分コード1桁		小区分コード2桁		連結科目コード2桁		単体科目コード2桁		個社自由設定コード2桁	
1資産	10	流動資産	1000	当座資産	100002	預金	10000201	当座預金	1000020101	A銀行a支店
									**********	****
							********	****	**********	****
									**********	****
					******	***	********	****	**********	****
							********	****	**********	****
			****	****	******	***	********	****	**********	****
							********	****	**********	****
					******	***	********	****	**********	****
							********	****	**********	****

(3)　勘定科目コード設定に関し考慮すべき事項

勘定科目コードはその勘定科目の資産・負債・純資産・売上などの計上区分ごとに体系立ててコード設定をすることについて述べたが，その際，考慮すべき事項を以下に記載する。

①　システムとの関係

上述のとおり，勘定科目体系に基づいて勘定科目コードも階層化して，各階層に割り振る桁数を決定する。当然のことながら，階層が深いほど，また各階層に割り振る桁数が多いほど，勘定科目コードの桁数は長くなる。勘定科目コードの最大桁数は会計システムによって決まっているため，勘定科目体系のとおりに勘定科目コードを体系的に作ろうとしても，システムの制約により実現できないこともある。よって，勘定科目コードを設計する際は，利用する会計システムの仕様を事前に確認する必要がある。

② 仕訳起票者の実務負担について

経理部門内の習熟したメンバー間では，勘定科目名でなく勘定科目コードを使った会話が行われることがある。例えば「旅費交通費の明細データを～」ではなく，「65310の明細データを～」といったような会話や，同じ勘定科目で計上区分が異なる場合，例えば，給与（製造原価）が53110,給与（販管費）が63110の場合などの場合の「53110ではなく63110へ～」といった会話である。また，実際に会計システムに仕訳記帳を行う際，入力に用いるのは通常，勘定科目名ではなく勘定科目コードである。

給与の例でいえば，「給与（製造原価）」と入力するのではなく，「53110」を入力する。つまり，仕訳起票者や経理メンバーにとって勘定科目コードは身近なものであり，そのコードや体系を理解し，覚えることが実務負担の軽減につながる。

③ 勘定科目コードに使用する数字，アルファベットについて

勘定科目コードに数字だけでなく，アルファベットも使用可能な会計システムも多く存在する。数字のみの勘定科目コードを設定している会社が多いように思われるが，資産項目についてはAssetであることからAから始まるコードを，負債項目についてはLiabilityであることからLから始まるコードを，また，売上原価についてはCost of salesであることからCOで始まるコードを設定する会社もある。

数字のみの勘定科目コード，アルファベットも使用した勘定科目コードを用いることのメリット・デメリットを考慮して判断することが必要である。アルファベットを用いることで，コードに意味を持たせやすくなること，また数字だけの場合よりも使用できるコード数が増えることであるが，入力業務は数字

だけのコードよりも煩雑になると考えられる。

【図表３-31】勘定科目コードに使用する数字・アルファベットについて

	メリット	デメリット
数字のみの 勘定科目コード	・テンキーを使用する場合，入力が容易 ・データをエクセルに落とし，PIVOT等で加工した場合，数字の若い順に配列された結果が確認可能であり，範囲指定も容易	・桁数制限がある場合，使用可能なコード数がアルファベットと比較して少ない
アルファベットも 含んだ 勘定科目コード	・桁数制限があっても，ａからｚまでの幅広いコードを設定可能	・アルファベットと数字を共に入力する必要があり不効率 ・データをエクセルで加工する際，数字のみの場合よりも追加での加工作業が必要

Column ③

原価費目の統一とグループ原価管理への活用

日本の製造業はコスト削減を目的とした製造機能の海外展開を進めてきた。生産拠点の増加，現地生産品の品質向上，現地労働コストの上昇，現地市場の勃興，為替・法規制・地政学的リスクへの対応など，内外経営環境が変化する中で，「どこで何を作るのが最適か」という生産地選択が重要なテーマとなるケースも増えてきている。

生産地選択にあたり，生産コストの優劣は重要な要素となる。そのため，生産拠点別・製品別の製造原価を把握し，拠点間の原価比較や，各拠点の製品別生産数量の変動に伴う原価シミュレーションを行う必要があるが，これを適正に行うには，各生産拠点において，同じ原価計算により製品原価が算定されていることが前提となる。

製品別製造原価は，一般に生産管理システムや購買管理システムなどから，製品別製造データ（生産数量，材料投入量，製造時間など）や材料別購買データ（購買単価など）を収集して計算する必要があり，会計システムの機能では対応できない場合が多いため，原価計算システムを構築することが多い。製造原価は各生産拠点における原価管理に利用されるため，原価計算システムでの原価費目は，会計システムで保持している勘定科目より細かな粒度で設定することが多い。また，同じ製品でも生産拠点ごとに製造設備や生産工程が異なるため，原価計算方法や原価管理で必要となる原価費目が異なる場合もある。そのため一般に，原価計算システムにおける原価費目の統一は会計システムにおける勘定科目の統一より難しい。

ただし，最適生産地選択のための原価比較や原価シミュレーションに用いる原価情報は，各製造拠点で行う原価管理のために必要となる原価費目の粒度まで必要としない場合が多く，各拠点の原価費目を親会社での判断のために必要とする粒度に組み替えて集計することで十分であることも多い。最適生産地を検討する親会社側では分析・シミュレーションに必要となる原価費目の粒度を決定し，各製造拠点の原価情報を収集できるような仕組みを構築することが必要となる。

第4章

勘定科目統一のシステム対応のポイント

◆本章のポイント◆

- 情報システムは，勘定科目の統一と並んでグループ業績管理の高度化や財務経理機能の効率化の目的を達成する手段の１つとして位置付けられる。
- 勘定科目の統一は業務・システムの標準化の一環として位置付けられる。グループ各社の単体会計システムがバラバラの状態で勘定科目を統一することは困難である。
- グループ業績の視える化を目的とする場合，グループ各社の単体会計システムの会計データをグループで合計もしくは並列して照会できるDWHとBIを用いた仕組みが有用である。製品群別連結営業利益やグループ会社横断でのテーマ別費用実績といったグループレベルの管理軸に基づく指標が要求される場合には，統合マスターシステム等を用いた当該管理軸に係るコードの統一が必須である。
- コストや期間等の理由から単体会計システムを標準化できず，個社科目を使用せざるを得ないグループ会社は，科目マッピング方式でグループ業績の視える化に対応できる。
- ITベンダー各社もグループ業績の視える化を謳う科目マッピングを基礎とするソリューションを充実させている。これらはグループ単位の明細情報収集の仕組みを容易に実現する手段として有用である一方で，グループ各社で経理業務の標準化や効率化を狙う場合には，勘定科目統一と単体会計システムの標準化が対応策となる。

第1節　勘定科目統一と情報システムの関係

会計情報の管理に情報システムをまったく利用していない企業はないであろう。また，会計情報には勘定科目が不可欠である。したがって，勘定科目の統一には，情報システムのあり方が大きく関係する。

第2章で取り上げたように，勘定科目の統一は，グループ経営管理の高度化や財務経理業務の効率化を目的とする取組みの中の1つの手段に過ぎない。情報システムも同様に，このような上位の目的を実現するための手段と位置付けられる。「手段」にはこの他にも会計方針の統一や決算期の統一等が挙げられ，相互に関連し合いながら，目的を実現する「仕組み」として検討される。

これらの手段の中でも，特に，情報システムと勘定科目は関連性が強い。例えば，会計システムにとっては勘定科目の統一がシステム要件の1つとして，勘定科目にとっては会計システムが科目体系や科目コードを検討する際の制約の1つとして，相互に関係する（図表4－1）。

【図表4－1】勘定科目統一と情報システムの関係

目　的
・グループ経営管理の高度化
・財務経理業務の効率化
手段
強い関連性
勘定科目の統一
情報システム
会計方針の統一
決算期の統一
………

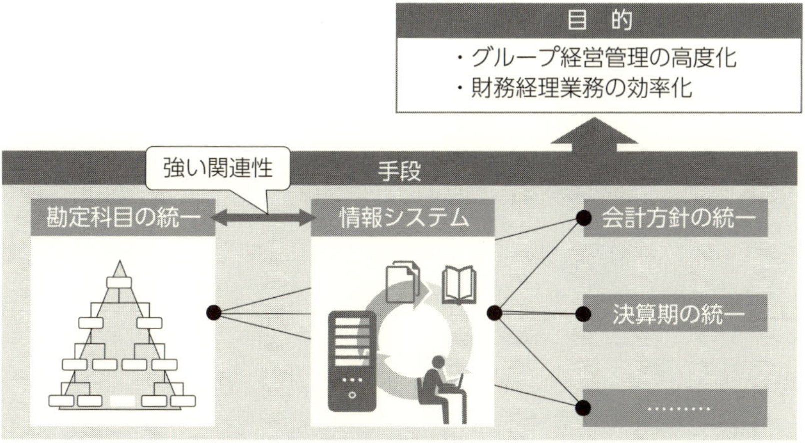

グループ経営管理の高度化や財務経理業務の効率化を考えている企業であれば，おそらくすでに現状の情報システムに関しても何らかの課題意識を持っていることだろう。具体的なパッケージ製品の調査を進めているかもしれない。しかし，上記のような目的のために情報システムを導入するに当たって，勘定科目統一が必要であることは理解していても，どのようなシステム対応上の論点があり，起こりうる課題は何かを具体的に見通せていることは稀である。視界を妨げるものは何か。

「情報システム」とは，いわゆるソフトウェアのみを指すのではない。ソフトウェアを構成するプログラム，データベース等の実行環境に加えて，サーバー機器，業務プロセスと内部統制，これを支える各種ルールやスケジュール

【図表4-2】情報システムを構成する要素

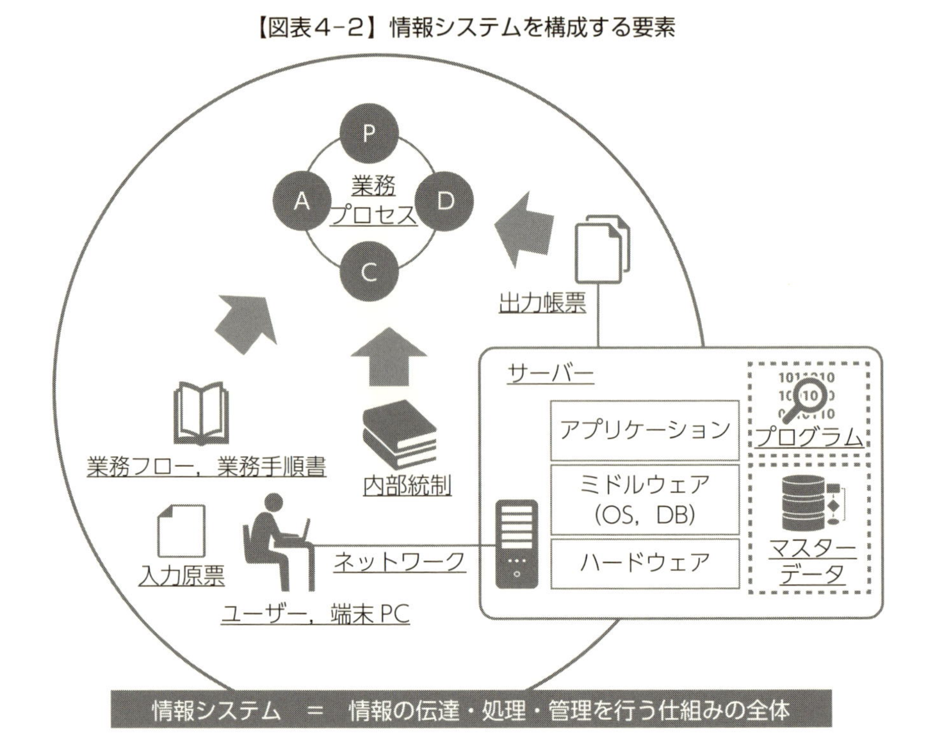

といった複数の要素の総体であり（**図表4-2**），ある目的のために情報の伝達・処理・管理などを行う仕組み全体を指す。情報システムの導入は，これらの要素を矛盾なく並行して検討しなければならないため，複雑さを伴う。

この複雑さゆえに，システム導入プロジェクトでは，本来の目的が達成できなかったり，当初見込よりも多くのコストがかかってしまうといった失敗事例が跡を絶たない。プロジェクト遂行中の躓きや後戻りを最小限にとどめ，目的を成功裏に達成するためには，可能な限り，起こりうる課題を先回りして検討しておくことが肝要である。勘定科目の統一をシステム導入により実現する場合の論点・課題につき，着眼点を会得していただければ幸いである。

第２節　勘定科目が統一された情報システム

(1)　一般的なシステム構成

勘定科目が統一された状態の企業グループの情報システムとはどのような姿か。以下に一般的なシステム構成を図示する（図表４-３）。

【図表４-３】勘定科目が統一された状態のシステム構成の例

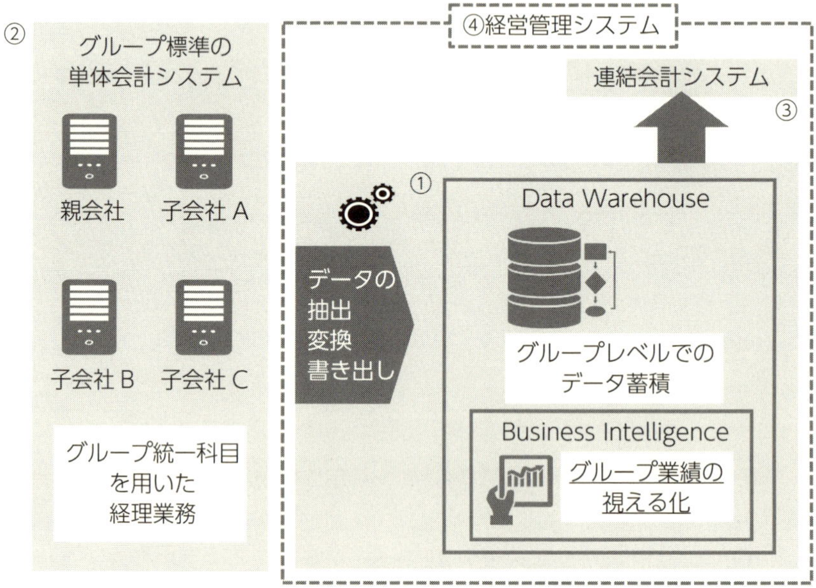

①　**DWH (Data Warehouse)・BI (Business Intelligence)**

まず，グループ会社の会計データを統一勘定科目で集計してレポートするために，DWHでグループ各社単体の会計データを収集し，収集した情報をBIで見せるというシステム配置が考えられる（図表４-４）。

DWHとは，ユーザーに長期間・大量の情報を持続的に提供するために，単

【図表４-４】DWH・BIツールの役割

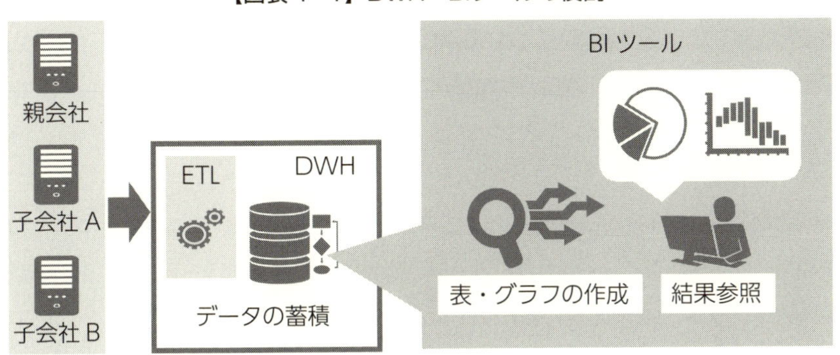

体会計システムを含む業務処理系のシステムからデータを取り込んで蓄積するためのデータベースである。特定の業務領域に対応した業務アプリケーションではない。一般に単体会計システムなどの業務処理を行うシステムでは，日常のデータ入力や月次処理のレスポンスを悪化させないようにするために，業務遂行に必要な期間のデータよりも古いデータは削除される。業務処理系のシステムは，長期間・大量の情報を蓄積・提供するためには作られておらず，例えば３年以上過去の業績推移をレポートする機能や過年度の取引明細を検索する機能は備わっていないものが多い。DWHは，このような業務処理系システムのデータのレポート機能の限界を補完する。データの記録や処理といった業務処理に関する機能を省き，データの取扱容量と照会スピードに特化したシステムといえる。

BIは，DWHに蓄積されたデータを参照して表形式でレポーティングしたりダッシュボード化したりするなど，大型のデータベースであるDWHのデータを人が見て意味のある様式にビジュアライズするためのツールであるため，グループ業績の視える化の取組みにおいて，BIはDWHとの組み合わせで力を発揮する。DWHとセットでパッケージ化されている製品もある。

単体会計システム等からDWHへのデータ連携には，ETL（Extract/Transform/Load）と呼ばれるツールが利用される。連携元システムのデータを「抽出」し「編集」して，連携先システムへデータを「書き込む」までの処理を担う。ETLは，主要なDWH製品であればセットでパッケージ化されているものも多く，データ収集の仕組みを構築しやすくなってきている。

② 単体会計システム

単体会計システムは，グループ各社の単体決算の業務処理を行うシステムの総称であり，ここではDWH等で収集するグループ各社単体仕訳のデータを生み出すシステムとして位置付けられる。

勘定科目統一のスコープに含まれるグループ会社では，単体仕訳の記帳科目は，そのコード全桁か少なくとも上位数桁は統一科目コードとなる。単体会計システムの勘定科目コードマスターには，統一勘定科目が定義されていなければならないということになる。

勘定科目が同一であればよいのであって，必ずしも会計システム自体まで同一である必要はない。しかしながら，経理業務の標準化，さらには経理業務の集約（SSC導入）による効果の最大化を目的とする場合，システム機能や画面構成，データ項目といった面でグループ標準規格に準拠したシステムの導入と展開が必須となる。実務的には，「グループ標準規格」に適合する会計ソフトを１つ選定し，必要に応じてカスタマイズを加えて標準モデルと命名し，グループ各社が共同で利用するケースが多い。グループ標準規格に適合する会計ソフトをグループ各社がそれぞれ選定・導入するのに比べて，ライセンスコストや運用コスト等の面で明らかなメリットがあるためである。

グループ会社の中で，特殊な業種であるなどの理由で標準モデルと異なる会計ソフトを導入せざるを得ない会社や，さまざまな経緯で現行システムを継続利用せざるを得ない会社がある場合もあるだろう。このような会社のシステムに対しては，標準モデルのベースとなった「グループ標準規格」に準拠するようにカスタマイズ等を施すことが考えられる。本書では，このような異なる会計ソフト製品をグループ標準規格に準拠したようなシステムを含めて，グループ標準会計システムと呼ぶ（図表４-５）。

【図表4-5】単体会計システムの標準化

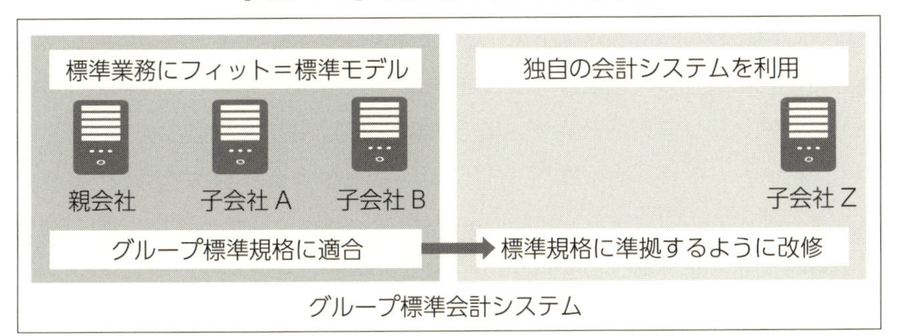

なお，この「単体会計システム」は，財務会計システムまたは管理会計システム，あるいはその両方を指す。グループの会計データを表示するBIから見ると，データの源泉となるシステムである。例えば，グループ経営管理高度化の観点から，製品群別の連結営業利益を管理したいのであれば，グループ各社では少なくとも製品群別の売上高・原価・販管費を管理する管理会計システムが求められる。

勘定科目と関連する「グループ標準規格」の具体的な例に触れておこう。勘定科目統一を行うことが本節の情報システムの前提であるから，策定したグループ統一の勘定科目体系がシステムに登録できることが標準規格となることはいうまでもない。これに対して，パッケージソフトによっては最大桁数が統一科目に比べて短い，統一科目が想定していたアルファベットやハイフンが登録できないといったコード面の制約がありうる。あるいは，集計科目という概念がない，管理会計専用科目に記帳する入力画面や利用者を限定することができない，自動仕訳専用科目を設けることや特定の科目について画面からの手入力を制限することができないなど，統一科目が想定している利用方法に対する機能面の制約が存在するものもある。このような勘定科目に関連する制約があれば，グループ標準規格に準拠できないシステムと判断される。

月次締業務を標準化する見地からは，勘定科目群別に元帳の締めを制御する機能が重要となることも多い。例えば，親会社の業績管理部門が第５営業日に製品群別営業利益の確定数値を見たいとする。この場合の月次締めのスケジュールが，グループ各社は第１営業日に在庫を締め，第２営業日までに未払金と経費を締め，第３営業日には固定資産を締め，第４営業日には部門間の付替えや配賦処理，原価計算を行ってその夜間にDWHへ連携するというようなものであったとする。この場合，単体会計システムでは在庫関連科目，経費関連科目，固定資産関連科目，原価計算関連科目といった勘定科目群の単位で元帳の締めステータスをコントロールしなければならない。またこの例では，第２営業日に経費勘定を締め切っているにもかかわらず，第３営業日は償却費計上，第４営業日は配賦処理が実行される必要がある。こうした処理を行う特別な権限を設け，その権限に応じて段階的な締めステータスを設けることができる仕組みが必要となる。グループ標準規格として要求される機能の一例として参考にされたい。

また，グループとしての内部統制を一定水準に維持するため，例えば，一定金額以上の会議費を計上する仕訳に対して事前決裁番号の入力や仕訳承認入力を必須とすることをグループの標準業務として要求するようなケースも考えられる。これには，科目単位で特定項目の入力属性（必須／任意等）を設定したり，任意の条件で承認ワークフローが起動されるように設定したりできる仕組みが必要になる。

③　連結会計システム

上場企業など，有価証券報告書を提出する企業グループでは，制度連結の決算に必要となるパッケージ収集機能，内部取引の消去機能，連結調整仕訳入力画面，専用の帳票機能等を備えた連結会計システムを利用することが一般的である（**図表4-6**）。また，単に連結会計といっても，外部報告向けに行う制度連結と企業内部の管理会計として行う管理連結の２種類がある。近年は制度連結と管理連結の両方を行うことができる既製の連結会計ソフトも多く出てきているが，前者は経理部門で後者は企画部門といった業務分掌から生じるシステムオーナーの違いや締めタイミング・収集タイミングの違いから独立した２種類の連結会計システムが用いられることもよく見られるケースである。なお，上場会社であっても，連結対象となる子会社数が少なく表計算ソフト等で連結決算を行うことができる場合は，専用の連結会計システムを導入していない場合もある。

【図表4-6】連結会計システムの役割

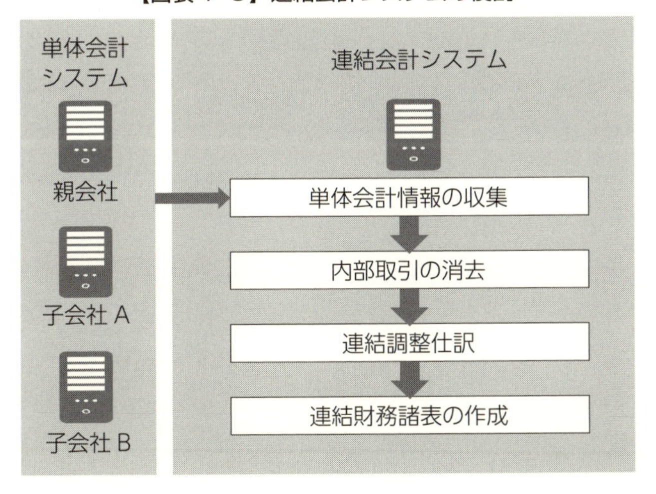

情報システムの全体構成において，連結会計システムのうち特に管理連結機能をどのように配置するかは一様ではない。DWH上に内部取引の消去機能や連結調整仕訳入力機能，専用のアウトプット機能といったアプリケーションプログラムを構築する方法や，DWHとは独立した連結会計ソフトを導入し，DWHから連携，あるいは各社単体会計システムから直接収集する方法が考えられる。DWH上に連結会計機能を構築する方法は，DWHで収集・管理する会計データの範囲が限定されている場合には成立しない。例えば，DWHが管理会計仕訳のみを収集する仕組みとして導入され，管理会計情報が財務会計と必ずしも一致しない前提となっている場合には，DWHのデータをもとに連結決算を行うことはできない。DWHで収集する情報が損益計算書科目のみである場合や，DWHで収集する対象のグループ会社が連結の範囲よりも少ない場

合などが挙げられる。このため，実際には，DWHとは別に連結会計ソフトを導入するケースが多いと考えられる。

【図表4-7】勘定科目統一スコープが連結範囲よりも狭い場合の例

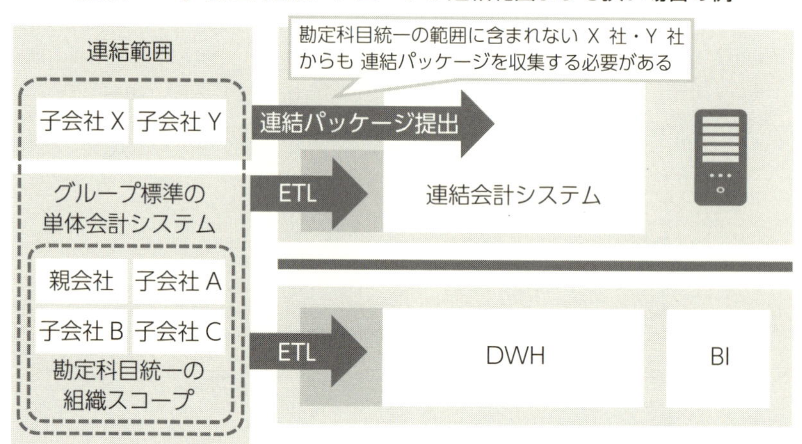

なお，DWHも連結会計システムもグループ各社のデータを収集するという点では同じであるが，収集するデータの属性項目や明細情報の粒度に相違がある。具体的には，連結会計システムが連結パッケージとして収集するデータは，グループ各社が親会社への報告用に作成するサマリー情報（勘定科目残高など）であることが一般的である。このため，連結会計システムでは，残高の内訳を構成する明細情報へのドリルダウンができないことが多い。また，連結パッケージとして収集するデータには，データ分析目的の管理属性が存在せず，親会社が切り口を変えて再集計する（製品群別損益など）といったことができないことが多い。

④　経営管理システム（Enterprise Performance Management）

上述①DWH／BI，③連結会計システムの機能をワンパッケージ（単一のシステム基盤）で提供するのが，経営管理システムである。経営管理システムの

【図表4-8】経営管理システムの機能スコープと周辺システムとの関係

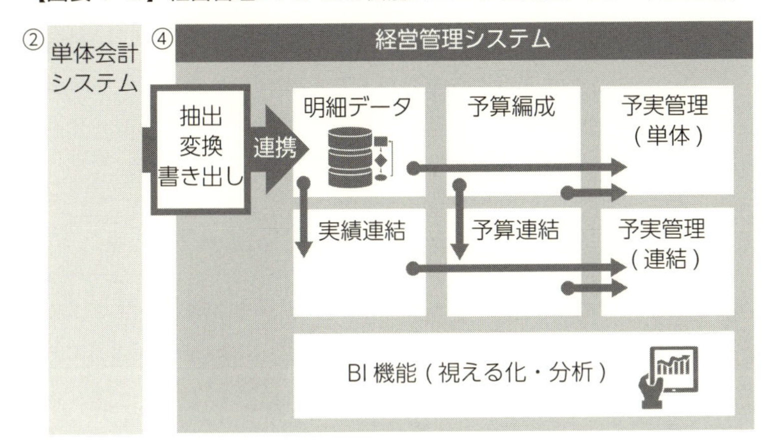

概念や販売されるソリューションは，グループ経営管理のニーズの高まりを受けて，DWHや連結会計システムに比べてニーズによっては導入コストや期間に優位性があるものとして，近年，中規模以上の企業グループの注目を浴びている。

一般的な経営管理システムに含まれる機能群を**図表4-8**に示す。DWHと同じく，ETL等を介してグループ各社の単体会計システムの長期間・大量の実績データを明細レベルで収集・保管するものであり，以下ではDWHと経営管理システムを並列的に説明する。経営管理システムは，通常，収集・保管機能に加えて，連結決算を行うためのユーザーインタフェースや，予算情報の入力から単体予算，連結予算を作成するためのユーザーインタフェースを備え，連結ベースでの予実管理をシームレスに実現することをコンセプトとしている。特に予算編成業務は，システム化されていない企業が今なお多く，グループの予算編成および予実管理の効率化・高度化を目指す企業にとってはメリットがある。単一のシステム基盤とすることで保守業務を合理化できる点や，システム間のインターフェースが不要となるため取引データの発生からレポーティングまでのタイムラグを最小限に抑えることができる点も，メリットとして挙げられる。

他方で，DWH製品やBI製品と比べると，データ分析の切り口に制限があったり，ダッシュボード機能の描画処理が劣るといったケースもみられる。経営管理システムの導入を検討する場合には，他の選択肢とともに自社ニーズへの適合性を十分に検討することが望ましい。

(2) バラバラの単体会計システムと勘定科目統一

グループ各社の単体会計システムがバラバラのまま，勘定科目だけを統一することはできるだろうか。

理論的には，各社で利用されている独自の単体会計システム（以下，個社会計システム）の勘定科目マスターに統一科目を登録して利用すればよい。しかしながら，いくつかのシステム上の制約，あるいは変更対応が煩雑すぎるといった懸念事項があり，合理的とはいえないケースが多い。

① 個社会計システムの勘定科目コードの桁数・文字種制限

各システムの勘定科目コードは，統一科目を表現するのに十分な桁数を持っているか。古い会計システムでは勘定科目コードが4桁しかないものもみられる。1984年のJIS規格を参考に開発されたものと推察される。前章までに検討してきた勘定科目体系と統一科目コードが4桁の勘定科目マスターに納まることはないといってよいだろう。アルファベットを不可とするパッケージソフトもあるため注意しておきたい。

② 個社会計システムのプログラムへの影響

個社会計システムの帳票や画面，バッチ処理をはじめとするプログラムのソースコードや設定に，個社科目のコードが埋め込まれていないか。特に自社開発のシステムに多く見られるものであるが，パッケージソフトであってもカスタマイズ部分があれば注意が必要である。個社科目のコードがプログラムに埋め込まれていた場合には，プログラムの変更を完遂できるかが問題であり，このような箇所を漏れなく把握できることが前提となるため，その調査をしなければならない。現行の個社科目が，個社会計システムのソースコードや設定のあらゆる箇所に書き込まれているなど，プログラム対応が必要な箇所を把握できないようであれば，そのシステムはもはや個社科目と一体となっているというべきである。したがって，どれだけのプログラムを修正しなければならないかを調査して膨大な変更を加えていくよりも，グループ標準会計システムにリプレースしてしまうほうが合理的である可能性がある。

【図表４−９】個社会計システムの勘定科目体系切替えにおける懸念事項

懸念事項	内　　容
桁数・文字種制限	・個社会計システムの勘定科目コードの桁数が統一科目に照らして不足している，あるいは統一科目に英字や記号が含まれているのにこれを受け付けないといった制限があるケース。
プログラムへの影響	・プログラムのソースコード上で勘定科目コードが処理条件として記述されている可能性がある場合に，該当箇所を特定して統一科目に変更し，テストする必要がある。
マスター・自動仕訳への影響	・配賦基準などの勘定科目コードを参照して登録されているマスターを洗い出して統一科目に変更し，テストする必要がある。 ・SCM（Supply Chain Management）領域等の上流のシステムからのインターフェースや単体会計システム内で生じる自動仕訳を洗い出して対応する統一科目にプログラムや設定を変更し，テストする必要がある。
勘定科目体系の継続性に関するリスク	・一時的に統一科目とすることができたとしても，個社会計システムのもとでは勘定科目の追加登録が制限されているわけではないため，個社科目が追加・使用されるリスクが高まる。

③　マスター・自動仕訳への影響

個社会計システム自体の制約がクリアできても，勘定科目マスターの変更対応には慎重かつ多くのタスクを必要とする。例えば，販売管理システムなど上流システムからの自動仕訳機能や，外貨換算機能など会計システム内の自動仕訳機能，取引先マスターなどの個々のマスターデータに割り当てられている「売掛金」や「未収金」といった勘定科目コード，自動配賦処理や原価計算のために設定されている処理条件などを一斉に切り替えられるように，十分な体制と実行計画を用意しておく必要がある。

このように，勘定科目マスターを変更するだけとはいえ，システムへの影響は大きい。プログラム対応箇所，マスター変更箇所それぞれの動作確認はもちろん，専用のテスト環境を構築して，新旧比較を行う必要がある。勘定科目統一の範囲が一部の科目にとどまるような場合を除いて，現実的な取組みとはいえない。一方で，簡易な会計パッケージソフトをカスタマイズなしで利用しており，会計システムの内部で勘定科目をキーとする複雑なマスターや処理がない，他のシステムとの間で自動化されたインターフェースがないなど，個社会計システム自体がごく単純なものである場合は，個社会計システムの継続利用を前提として勘定科目統一を行うことも，選択肢となりうる。

④　個社会計システムにおける統一科目の継続性に関するリスク

仮に，前項までに挙げた懸念事項に十分に対応し，グループ各社の単体会計システムがバラバラのまま勘定科目だけを統一科目とすることができたとしても，これはあくまで一時的なものであり，統一された状態を維持していくことは難しい。

個社会計システムにおいては，個社が自由に勘定科目を追加できるため，個社の管理上の要請等がきっかけとなり，統一勘定科目体系外の科目が新規に登録され，統一勘定科目体系が維持できなくなる可能性がある。親会社がモニタリングするなどの対策を講じることも不可能ではないが，特に多くの子会社を持つグループ企業においては現実的ではない。

グループ標準会計システムのもとでは，通常，勘定科目マスターの新規登録権限が一元化され，グループ各社が独自に追加することを防止することができる。統一勘定科目体系をグループレベルで実効的かつ効率的に維持継続させるために，グループ標準会計システムへのリプレースを検討することが合理的と考えられる。

(3) グループ標準会計システム導入のハードル

グループ各社にグループ標準会計システムが導入され，勘定科目コードが統一されていれば，グループの会計情報を合計するのは容易である。会社単位で合計残高試算表を出力して勘定科目コードごとに集計すればよい。子会社ごとの業績も，それぞれの試算表の総売上高，純売上高，売上総利益，限界利益，営業利益といった指標で比較することができる。

単体会計システムの標準化は，グループ各社の経理担当者が用いる勘定科目体系，用語，業務プロセスの均質化を実現する強力な手段であり，グループ内の人材交流もしやすくなる。第2章で触れたように，勘定科目の統一は経理機能をSSCに集約させるための必須条件である。

しかしながら，実際にすべてのグループ会社の会計システムを置き替えるには，大きな困難を伴う。特に，多数のグループ会社を有する企業グループでは，次のようなハードルが考えられる。

① 展開期間の長さ

1つ目は，導入に係る期間の長さである。グループ標準会計システムは，グループ各社の業務移行やSCM領域との連携を手当てして運用テストや移行リハーサルを重ねながらグループ各社へ展開する必要がある。このため，すべてのグループ会社で会計システムを一気に切り替えること（ビッグバン導入）は通常現実的でなく，プロジェクト要員のリソースで対応可能な数社ずつの単位で導入していくことになる。しかしながら，それではグループの規模によっては数年かかる計算になってしまい，想定される効果よりもプロジェクトに係るコストのほうが大きくなってしまうことも考えられる。さらに，展開を進める間も経営環境は絶えず変化するため，何年もかけてグループ統一したときにはすでにニーズが変化してしまっているという状況になるリスクもある。取組みの負荷軽減と効果の早期発現を考慮して，例えば，親会社と一部のパイロット子会社へのグループ標準会計システム導入を担う「構築プロジェクト」と，導入対象会社を広げていく「展開プロジェクト」といったようにプロジェクトの区切りを設け，１つのプロジェクトが延々と長引かないようにすることが重要である。

②　システム投資の大規模化

２つ目は，投資規模である。グループ標準会計システムとするソフトウェアの，グループ全体での利用のためのライセンス料に加えて，導入・展開作業に必要なシステムエンジニア（SE）の作業，各社においてSCM領域で利用しているシステムとの連動プログラムの開発に要するコストがかかる。

支出を伴うのはソフトウェアだけではない。サーバー機器などのシステムインフラに要するコストがある。会計システムには，月末や締め時，支払，配賦，帳票作成などのシステム負荷の大きな処理が重なる顕著なピーク期がある。基幹系の業務処理システムほどではないものの，このようなピーク期をグループレベルでカバーできるだけの高性能機器が必要になる。なお，クラウドサービスでインフラを利用する形態が主流になってきているが，現状ではコスト面で大差はない。

こうしたコストがプロジェクト着手・推進の障害にならないよう，可能な限り早期に中期計画や予算に織り込んでおくことが重要である。展開対象の中に会計システムが比較的新しい会社があれば，会計システムの保守切れが迫っている別の会社と展開時期を入れ替えるなどの工夫をするか，除却損が発生する前提で予算化しておくことにも注意したい。

③　変化への抵抗感や反対意見

３つ目は，社内，特にグループ会社側の抵抗である。業務改革や業務システムのリプレースにおいては，自社に最適化してきた従来の業務・システムを変えたくないとする保守的な意見が必ず生じる。グループ標準会計システムの展開は，展開される会社からすると，自社のニーズではないにもかかわらず，従来の業務の変更を迫られるケースが多く，かつ新システムが個社のすべてのニーズに応えられないものになる場合もある。

これが展開会社において，ユーザーの不満を通じて上層部の反対意見へとつながったときは，大きな障害となりうる。グループのマネジメント層がプロジェクト・オーナーとしての自覚を持ち，グループの構成員に対して全体最適に基づく目的を伝え，プロジェクトへの貢献を求めること，そして貢献に対しては積極的な評価で報いて，推進するためのアクセルを自ら踏むことが重要である。

④ その他

グループ標準会計システムの展開は海外子会社を対象としていることも多い。この場合は，グローバルなプロジェクトに共通の問題，すなわち海外子会社への展開に必要なコミュニケーション能力不足や現地ローカル要件に対する知識不足・機能不足などもハードルになると考えておくべきである。

また，展開対象の会社のシステムが業務統合ERPなど，会計システムが同社の基幹系・SCM領域のシステムと密結合しており，会計システムだけを切り離して標準システムに置き替えるのに大規模な改修が必要というケースも想定される。親会社に先行し，海外子会社のマネジメントがリーダーシップを発揮して，業務統合ERPを導入し，効率的な業務プロセスを実現したケースでは，グループ標準会計システムの展開は，その子会社にとって「余計なこと」であり，グループとしてみても二重投資となる。

上述したとおり，早期に中期経営計画などに織り込んでグループ全体に展開計画を認知させることで，可能な限りこのような事態の発生を避けることが重要であるし，もしこのような問題が生じた場合には，プロジェクトと子会社側で十分に協議して対応を決めることが望まれる。なお，このようなケースでは，グループ標準会計システムへの切替えにかかわらず，次節で説明する勘定科目のマッピングで対応するアプローチが考えられる。

このように，グループ標準会計システムの展開にはさまざまなハードルが考えられるが，まったくコントロールできない問題はない。一方で，プロジェクトの負荷，コスト，リスクを軽視した結果，失敗するケースも多い。あらかじめリスクを十分に想定し，対策を講じておくことが重要である。

【図表4-10】グループ標準会計システムの導入のメリットとハードル

システム導入のメリット
グループの会計情報の合計が容易である
会計システムの標準化により，経理担当者の業務が標準化・均質化
グループ各社の経理担当者をまとめやすく，経理機能をSSCに集約可能

システム導入のハードル
グループ各社の会計システムの入替えに長期間を要する
パッケージライセンス，導入・展開費用，ハードウェア購入費用など莫大な投資
会計システムの刷新およびそれに伴う業務改革に対するグループ各社の合意形成

(4) 勘定科目が要求する管理セグメント

① 管理セグメントの意義

DWHや経営管理システムで収集する財務会計や管理会計の仕訳データや予算データは，すべて勘定科目コードをキーとして集計できる。これらのデータは，最小の明細単位まで分解しても，すべてのデータ行に勘定科目コードの情報を持っているためである。

同じように，データ行に必ず持っていなければならない情報として，管理セグメントが挙げられる。ここでいう管理セグメントとは，会計情報を報告・分析・評価する単位であり，その単位の会計情報を作成するためにデータを集計するときのキー項目である。経営管理の観点では，業績を測る管理軸とか，業績を分析するための切り口という表現をするものである。前章では，勘定科目体系とコードを検討するにあたり，勘定科目とは異なる概念とすべき管理セグメントの内容を勘定科目体系に持ち込まないようにすること，他方でこれらの集計軸は取引データの属性項目として記録されなければならないことに触れた。

BIを通じて可視化したいグループ管理会計情報に求められる「切り口」を踏まえて，これに応じた管理セグメントが必要となる（**図表４-11**）。

【図表４-11】管理セグメントと会計情報の可視化

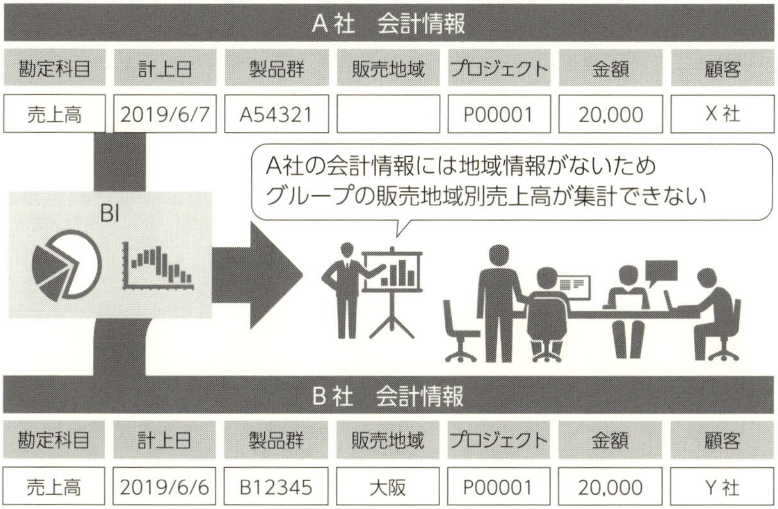

A社　会計情報

勘定科目	計上日	製品群	販売地域	プロジェクト	金額	顧客
売上高	2019/6/7	A54321		P00001	20,000	X社

BI

A社の会計情報には地域情報がないため
グループの販売地域別売上高が集計できない

B社　会計情報

勘定科目	計上日	製品群	販売地域	プロジェクト	金額	顧客
売上高	2019/6/6	B12345	大阪	P00001	20,000	Y社

グループ業績情報のデータ要件を踏まえてどれだけの管理セグメントを定義するべきかを洗い出すのとは反対に，制約として考慮するべき点もある。

考慮ポイントの１つ目は，会計ソフトにカスタマイズして追加できる入力項目の仕様上・業務上の上限である。データベースの処理性能への影響回避や仕訳入力画面のレイアウト維持の観点から，おおむね10程度が上限となるものと仮定してよい。現状よく利用されているパッケージ製品の中にも，まったく追加できないものから数十種類の項目を追加できるものまであるため，選定にあたって確認する必要がある。仮に制限がなく入力項目を増やすことができても，システムで自動セットできる項目であればよいが，画面入力を必要とする項目が何個まで許容できるかという業務上の上限を考慮しなければならない。

２つ目は，グループKPIとして計測するために使用する管理セグメント情報を，グループ各社で統一して持てるかという点である。管理セグメントに使用する情報（例えば製品群，販売地域，顧客など）の発生源は，SCM領域をはじめとする上流のシステムであるケースも多い。グループ各社がこれら上流のシステムにそれぞれ別個のものを利用している場合は，上流システムで生成された取引データなどにセットされている管理セグメントのもとになる各種コード（品目コードなど）をもとに，会計システムに設けた管理セグメント項目（製品群など）に対してグループ統一の製品群カテゴリーコードなど）が自動的にセットされるように，仕組みを検討する。

具体的には，上流のシステムから単体会計システムへのインターフェースにおけるコード変換機能を要件とすることになる。さらに，コード変換処理が機能するための前提条件として，上流システムに管理セグメントに変換するためのもとになるコードがそもそも存在するかどうかを確認しておくことも重要である。例えば，販売地域別のグループ売上高をKPIとする場合に，ある子会社の販売管理システムには販売地域を特定するための情報がないケースでは，せっかくグループ統一の地域エリアコードを用意しても，当該コードへの変換はできない。当該子会社において，販売管理システムに販売地域を記録できるように販売管理システムと販売管理業務の見直しを行う必要がある。

②　勘定科目と管理セグメントの関係の整理

会計データにおいては，勘定科目の情報がすべてのデータ行に必須であるのに比べて，管理セグメントの情報はすべてのデータ行に必須というわけではない。重要なのは，第１に，勘定科目体系においてKPIを導出するのに必要となる勘定科目が特定・定義されていること，第２に，特定・定義された勘定科目について管理セグメントの情報が漏れなく記録されることである。

そもそもBIを通じて得たいKPIとその「切り口」については，構想時に議論を尽くして業務要件として定義し，システムの導入過程においては当該要件に対して一貫性を持って具体化していくことが重要である。収集する会計データの項目に，意図する「切り口」すなわち管理セグメントが含まれていなければ，要件を満たすことができない。

【図表４-12】勘定科目と管理セグメントの関係

製品群別・顧客別の売上総利益をKPIとする場合

勘定科目	管理セグメント	
売上高	製品群	顧客
売上控除項目	製品群	顧客
売上原価	製品群	顧客
原価差額	製品群	顧客
在庫調整項目	製品群	顧客

勘定科目への記帳時には空白となっている可能性がある

按分で数字を作る必要がある

レコード単位に管理セグメント情報が必要

例えば，製品群別売上総利益をKPIとするなら，売上高，売上控除項目，売上原価のすべての取引データに製品群という管理セグメント情報がセットされる仕組みが必要である。売上高や売上原価は，通常，取引ごとに製品が特定されるが，例えば，一定期間の取引高に対して計算される売上割戻しのようにそもそも製品を特定できない取引が集計される勘定科目については，複数の製品群への配賦などを行って管理セグメント情報をセットするのである。この点は以下で詳述するが，このように，具体的なデータの姿をイメージしながら，勘定科目と管理セグメントの情報を含む形で，KPIの計算式を明らかにすることがポイントとなる。

勘定科目ごとに，どの管理セグメントを必須にするかを決めるのは容易だが，決めたとおりに運用するためには，会計データの管理セグメントが意図したとおりに漏れなく記録されるような仕組みが必要となる。

まず，SCM領域をはじめとする上流システムからの自動仕訳の中に管理セグメント情報が欠落するパターンがないかどうかを調査し，該当する場合には何らかの対応が必要である。例えば，売上高の仕訳は，販売管理システム等のSCM領域のシステムから自動で作成され，当該処理を通じて品目コードや取引先コード等の管理セグメント項目に値が記録される仕組みになっているが，売上値引きはダミーの品目コードを用いて伝票処理を行っているため，どの商品にも帰属しないような場合がある。このような場合には，売上値引きを何らかの方法で各品目コードに按分する仕組みとするように販売管理システムを見直すか，単体会計システムに機能を用意しておく必要がある。あるいは，ダミーコードを用いた一括値引伝票を廃して品目ごとに値引きを計上するよう業務の見直しを行うことも選択肢である。

次に，単体会計システムにマニュアルで入力される勘定科目の中に，管理セグメントを必須とするものがある場合は，入力漏れを防止する手段を講じる必要がある。単体会計システムには，勘定科目単位で各管理セグメントの入力を必須／任意／不可などと制御できることをシステム要件として求めることが重要である。さらに，勘定科目単位で各管理セグメントの入力が必須となると，従来の業務からの変更が求められる場合もある。例えば製造業を営むグループ会社で発生する原価差異について，原価計算システムでは製品コード別の値を持っていても，原価差異は，製品別に把握しておらず，単体会計システムへ仕訳を入力するときには合算して記帳していることも多い。このケースをそのままにしておくと，製品群別のレポートには，何の製品群セグメントにも割り当てられない原価項目が発生し，他方で本来の製品群セグメントの売上総利益が予定原価ベースで計算された粗利になってしまう。このような例では，原価差異を製品群別に記帳するように業務を変更することが必要となる。そもそも原価差異を製品群別に把握できていないケースでは，業務変更の影響も大きくなると考えられる。

③　管理セグメントのグループ統一

管理セグメントの種類や値をグループで統一しておくことも重要である。グループ各社の単体会計システムで管理セグメントを統一するということは，各社が持つマスターデータを同じ状態に保つということを意味する。複数会社コード間で単一のマスターデータを共通して参照できる仕組みであれば問題ないが，会計パッケージソフトのマスターデータは一般に会社コード単位でのメンテナンスとなることが多い。会社コード間でマスターデータを同期する仕組みや，MDMの導入による一元管理と配信処理を要件として求めることが有用である。

④　MDM（Master Data Management）

グループ各社の単体会計システムやDWH，連結会計システムの勘定科目コードや管理セグメントのマスター情報を一元管理するための情報システムとして，MDMの導入が検討されることも多い。MDMは，統合マスターシステムと呼ばれることもある。複数の異なる情報システムが同一のマスターデータを持てるように，あるいは単一の情報システムであってもマスターデータが会社コードごとに分かれるような場合に複数の会社コードで同一のマスターデータとなるようにするためのシステムである（図表4-13）。

MDMには一般に，各マスターデータのメンテナンス画面，システム承認機能とワークフロー，指定日時での配信機能を具備すること，配信を受けた単体

【図表4-13】MDMの役割

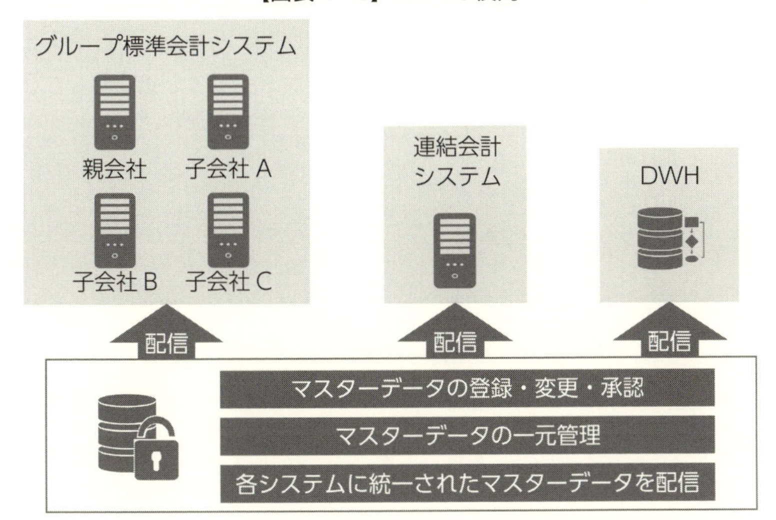

会計システム側ではマスターの自動更新機能を具備することが求められる。

どれだけの管理セグメントをMDMの対象とするかという問いに決まった答えはないが，管理セグメント以外にも金融機関情報，組織情報，従業員情報，取引先情報といった，一元管理に適したマスター項目の存在が想定される。

(5) 勘定科目統一における過去データの取扱い

システム対応にあたって，勘定科目統一の時点より過去の会計データをどのようにしておきたいか，データを利用するユーザー側の論点として早期に議論しておくべきである。

ここでいうユーザー側とは，DWHや経営管理システムを用いてグループレベルの会計データを利用する親会社と，グループ標準会計システムを用いて個社のオペレーションを行うグループ会社の２層が考えられるが，影響を受けやすいのはグループ会社の層である。会計期間の期首からの稼働であれば，統一科目ベースに組み替えたB/S科目の期首残高が最低限の移行対象データとなる。このほか，移行タイミングや要件次第であるが，期中の移行でかつ単年度の財務諸表を単体会計システム上で作成する場合には，別途期首残高，期首から稼働時点までの増減，期間P/Lを，同様に統一科目で組み替えて移行する。また，稼働初年度から単体会計システム上で前期比較レポートまで閲覧することが求められている場合は，前年度の月別試算表を統一科目ベースに組み替えて移行する必要がある。

(6) 勘定科目マスターの管理

定義された統一勘定科目体系は，グループ標準会計システム等の勘定科目マスターとして登録される。ここではマスターという呼称を用いるが，会計システムの勘定科目マスターはMDMからのデータ配信という形で自動更新することが難しい。多くの会計システムにおいて勘定科目コードは，単なる入力上のマスターデータにとどまらずにさまざまなシステム処理や設定に関連するため，仮に勘定科目マスターだけをデータ配信しようとしても，追加された勘定科目コードに関するさまざまな設定変更やプログラム変更を行わない限り，システム的に不整合となってしまう。このため，統一勘定科目のグループ各社のシステム環境への反映は，親会社の経理部門からのリクエストに基づいてグループ各社の会計システムを所管するシステム部門が行うことが一般的と考えられる。勘定科目マスターの管理方法を検討するにあたっては，以下のポイントに留意する。

・勘定科目マスターで管理する属性項目
・マスター定義書の変更ルールと関係システムの変更手順
・補助科目に関するルール

①　勘定科目マスターで管理するべき属性項目

単体会計システムの仕様によって異なるが，勘定科目マスターでは一般に次頁の**図表4-14**に挙げる項目の定義が必要となる。勘定科目体系のツリー構造をマスターデータとして表現するために階層や末端科目を定義しておくだけでなく，例えば予算科目，補助科目設定可否，締めグループ（例えば，在庫締めや経費締め，固定資産締めといった複数の締め処理のうちいずれの締め処理に対応する科目かを定義する情報），管理セグメントの入力属性などを定義しておく必要がある。

グループの統一勘定科目とはいえ，単体会計システムのマスターデータとしてグループ各社で利用されることを考え，グループ各社で同じ値とするべきグローバルデータとグループ各社が自由に値を設定できるローカルデータがあることに注意する。例えば，あるグループ会社ではグループ勘定科目体系に含まれる一部の特定の科目を使う想定がないという場合には，同社ではこれをそもそも登録しないか，無効化するためのフラグを付けることが想定される。

②　マスター定義書の変更ルールと関係システムの変更手順

前項で触れた属性項目の内容は，システム上のマスターデータとして登録される前に，マスター定義書という文書の形で管理する。勘定科目マスターの定

【図表4-14】勘定科目マスターで管理する属性項目（例）

No.	項目名称	意　義	レベル
1	階層	ツリー構造となっている勘定科目体系において何階層目に位置するかを表す	グローバル
2	勘定科目コード	コード項目	グローバル
3	日本語名称	名称項目	グローバル
4	英語名称	名称項目 (必要に応じて複数言語を管理)	グローバル
5	ＢＳ／ＰＬ	貸借対照表科目／損益計算書科目の区分	グローバル
6	末端／集計	記帳科目／集計科目の区分	グローバル
7	予算科目	予算科目として使用できるかどうかを表す区分	グローバル
8	補助科目の可否	補助科目を持つことができるかどうか表す区分	グローバル
9	締めグループ	在庫締め／棚卸締め／経費締め／固定資産締めなどの締めグループがあることを前提として，当該勘定科目がいずれに属するかを表す区分	グローバル
10	管理セグメントA	管理セグメントの入力属性の区分(必須／任意／禁止)	グローバル
11	管理セグメントB		
12	管理セグメントC		
13	固定／変動区分	費用科目を対象として固定費か変動費かを表す区分	グローバル
14	貸借	財務諸表で貸借いずれに表示するかを表す区分	グローバル
15	消込管理の要否	債権債務や経過勘定など，消込管理対象を表す区分	グローバル
16	元帳制限	管理会計，税務調整，国際会計基準等，特定の元帳専用の科目にマーク	グローバル
17	補助元帳管理	債権債務，現預金，固定資産等の補助簿を持つ科目にマーク	グローバル
18	消費税区分	仮受／仮払いずれかの課税基準額となる科目にマーク	グローバル
19	会社レベルの有効化	デフォルトはTrue。特定の会社で明らかに使わないような勘定科目にはFalseとする	ローカル
20	マニュアル入力の可否	デフォルトはTrue。特定の会社で自動仕訳専用科目とする場合などにはFalseとする	ローカル

義書は，性質的にはシステムの仕様書の１つといってよい。追加や変更はシステム変更管理の対象とし，統一勘定科目体系を管理する親会社の承認に基づいて行われる必要がある。

統一科目の追加や変更が，当初の思想を度外視した考え方やグループ各社からのリクエストに応じる形で無制限に行われると，せっかくの統一勘定科目体系および統一科目に従って集計される業績データの品質が損なわれる可能性が高まる。追加しようとする科目で集計される金額の重要性や当該科目を必要とする会社数が一定数以上あることなど，グループとして設定した基準をクリアしなければ追加を認めないことを原則とすることが望ましい。勘定科目マスターには一定の硬性を確保することが重要である。

マスター定義書の変更が承認されれば，変更後のマスター定義書に基づいてシステム変更作業が続く。変更作業は，単体会計システムの勘定科目マスターの見直し，残高調整，勘定科目以外の関連マスター（配賦処理の設定等）の見直し，単体会計システムの上流システムであるSCM領域，経費精算，原価計算，固定資産等各種システムの設定の見直しなどが必要になる。見直し作業の漏れが生じないように，変更依頼フォームでは，必要となる手順を承認者が確認できるようなチェックリスト形式のテンプレートとしておくことがポイントである。マスター定義書の追加・改廃プロセスが，一定の申請要件が定められる手続であるのに対して，システム変更はマスター定義書の変更内容を漏れなく適

【図表４−15】勘定科目マスター定義書の変更とシステム変更作業

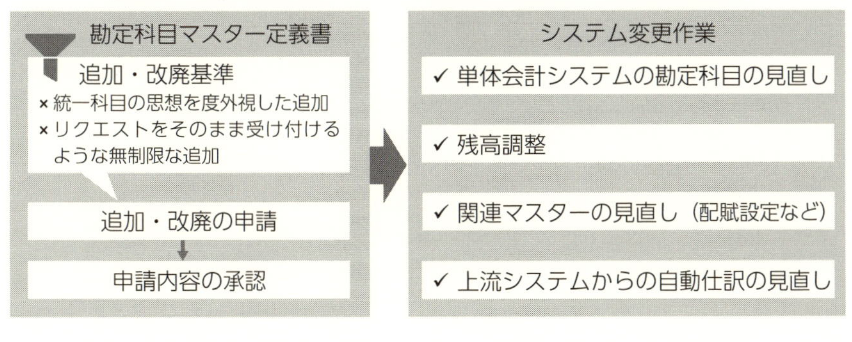

時にシステムへ反映されるような作業手順としておくことが重要である（**図表4-15**）。

③ 補助科目に関するルール

グループ各社からは，個社の管理目的で，統一科目へ対応しながらも部分的に統一科目の内訳を管理しておきたいとする要望が出されることも多い。このような要望に対しては，個社の裁量で補助科目を利用できるとする方針で対応するとよい。

例えば，統一科目では単に「前払費用」とだけ定義したときに，グループ各社では前払家賃，前払保険料など，その用途ごとに補助科目を定義して管理できるようにしておくことが考えられる。パッケージソフトによっては，補助科目を予算科目としては使えなかったり，配賦の対象とすることができなかったりするため，あらかじめグループ会社が使用しているシステムの仕様を確認しておくようにしたい。また，特にB/S科目では，補助科目のない勘定科目で残高が残っている状態では補助科目を追加できないというシステム上の制約がある場合もある。どの勘定科目に補助科目の要望がありうるかをグループ統一科目の定義において検討しておくことがポイントである。

【図表4-16】個社固有要件への対応

統一科目	補助科目があるシステム 個社科目		補助科目がないシステム 個社科目
勘定科目	勘定科目	補助科目	勘定科目
142100前払費用	142100前払費用	001前払家賃	142100001前払費用-前払家賃
	142100前払費用	002前払保険料	142100002前払費用-前払保険料
	142100前払費用	003前払リース料	142100003前払費用-前払リース料

補助科目という概念のないパッケージソフトも存在する。このような単体会計システムでは，勘定科目コードの末尾２～３桁を用いて補助科目を設定するというルールとし，DWHや経営管理システム等では補助科目部分を除いた統

一科目で会計データを集計する仕組みを設け，グループ各社は補助科目部分に限り各社の裁量で勘定科目マスターを運用することになる（**図表4-16**）。

もし補助科目のない会計システムにおいて末端科目まですべて統一科目としてしまうと，グループ各社が独自に科目を設定して管理する手段がなく，統一科目に個社ニーズに基づく科目を追加することで対応することになり，統一勘定科目の数が膨大になってしまうリスクがある。個社ニーズに基づく科目が追加されるということは，統一科目であるにもかかわらず特定の会社でしか使われない科目が追加されるということであり，統一科目の意義が失われていくことになる。そうかといってシステムに科目を追加しなければ，子会社がシステム外の表計算ソフトなどで内訳管理を始めてしまい，非効率が生じる事態も考えられる。情報システムで勘定科目統一を実現し，安定した運用を狙うためには，統一科目と整合性をとりつつ，個社が独自に管理できる手段を留保しておくこともポイントである。

第３節　勘定科目のマッピングによる補完

(1)　想定されるシステム構成

勘定科目統一の対象グループ会社の中に，何らかの理由で単体会計システムの標準システムへの置換えが困難な会社がある場合，当該会社は既存の会計システムで独自科目を使用して記帳しつつ，DWHや経営管理システム等へ統一科目に変換した会計データを連携する対応をとることが考えられる。

前節で言及したETLは通常，システム間のデータ授受に加えて，勘定科目コードの変換を行うこともできる。変換のためには「ルール」を実装する必要があり，勘定科目コードの変換の場合は，個社科目と統一科目との対応関係を「マッピング表」として実装することが必要となる（図表4-17）。

【図表4-17】個社独自の単体会計システムを利用するシステム構成

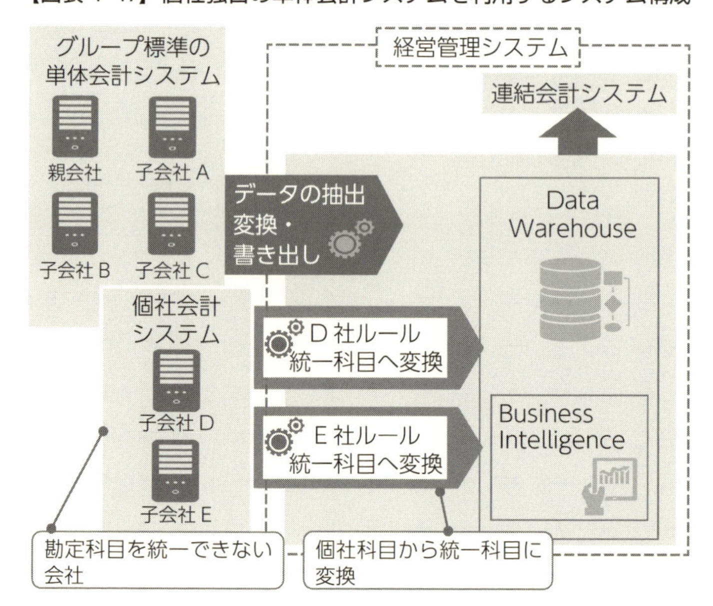

(2) 個社科目から統一科目へのマッピングとコード変換処理

① マッピングの重要性

個社科目から統一科目へのマッピングは，基本的にはN：１の関係で定義する。

マッピングの定義にあたってまず重要なのは，個社科目の名称だけで安易に判断せず，個社科目の定義・実際の用途を十分に理解しておくことである。例えば，統一科目では，製品本体の売上高とは別に，定期点検等の役務収入をサービス売上高という科目に集計したいとしよう。あるグループ会社の個社科目にもサービス売上高という科目があるが，その会社では消耗品の売上高を記帳していたとする。名称だけで判断してマッピングしてしまった場合，統一科目のサービス売上高には意図しない要素（消耗品の売上高）が含まれる結果となる（**図表４-18**）。定期点検等の役務収入を伸ばすための業績管理の精度は高いものにはならないと考えられる。

別の例として，親会社は外部倉庫に係るコストを統一科目で集計して管理したいケースを想定してみよう。あるグループ会社では外部倉庫費用を業務委託費に記帳していたとする。何も指針が示されなければ，DWHや経営管理システム等の「外部倉庫費」には実績がなく，「業務委託費」に集計されることとなり，親会社が意図した数値は把握できない。

【図表４-18】科目名称によるマッピング例と注意事項

個社科目	
名称	摘要
サービス売上高	消耗部品の売上

統一科目	
名称	摘要
サービス売上高	役務収入
部品売上高	消耗部品の売上

勘定科目の名称だけで，安易に判断すると，意図しない統一科目にマッピングされることになる。勘定科目の用途を理解したうえでマッピングを行うことが重要。

マッピング方式で制度連結を行っている企業グループでは，こうした不整合は，重要なものに限って個別に修正されるケースが多い。グループレベルで会計データを経営判断に活かすことを目指す企業にとって，肝心のグループ業績情報が「科目マッピング上の事情からレポート上はこのように見えるが，実際にはこのような数字である」という，ただし書きの多いものになってしまうことは避けるべきである。グループ業績情報の信頼性が低下するし，程度によっては「見ても意味がない」と烙印を押されるリスクもある。

② 統一科目の粒度が個社科目よりも細かい場合のポイント

統一科目の粒度が個社科目よりも細かい場合，マッピングは単純ではない。

例えば統一科目では「売上値引」と「売上割戻」を定めているのに，子会社では両方を末端科目である「売上値引等」にまとめて記帳されているケースでは，マッピング表によるコード変換だけでは意図したとおりに集計することができない。

【図表4-19】統一科目の粒度が細かい場合の対策

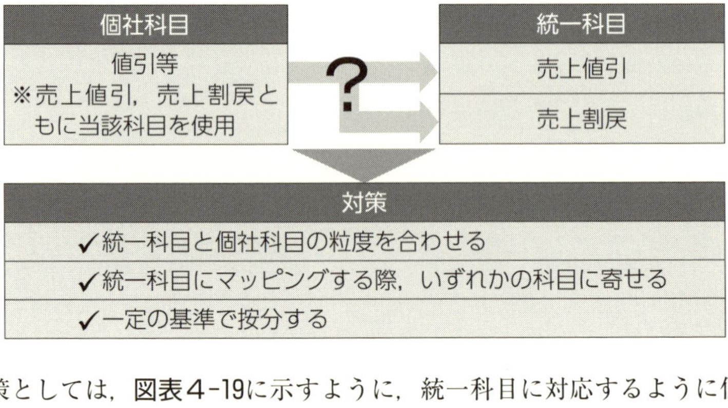

個社科目
値引等
※売上値引，売上割戻ともに当該科目を使用

?

統一科目
売上値引
売上割戻

対策
✓統一科目と個社科目の粒度を合わせる
✓統一科目にマッピングする際，いずれかの科目に寄せる
✓一定の基準で按分する

対策としては，**図表4-19**に示すように，統一科目に対応するように個社科目を追加・変更して，売上値引と売上割戻が別勘定で計上されるように業務上の変更をするのが原則であるが，対象会社の重要性，科目や業務の変更に係る負荷，現行の「売上値引等」の内訳等によっては，いずれかの統一科目に片寄せする整理とするか，何らかの方法で按分するといった代替的なアプローチが

とられる場合もある。仮に按分することとした場合は，対応するシステム要件の検討が必要となる。個社科目を追加する場合も，前期比較データは片寄せするのか何らかの基準で按分するのかといった論点を整理する必要がある。

③　マッピング表のメンテナンス

作成したマッピング表およびシステム上のコード変換マスターは，一度作成すれば終わりではなく，継続的なメンテナンスが必要となる。例えば，あるグループ会社で個社科目を追加することになったとする。**図表4-20**にあるように，追加された新しい科目はマッピング表上で統一科目への対応付けができていないから，このままDWHや経営管理システム等へ取り込もうとしても変換できず，新しい科目の金額は行き場を失うことになる。こうしたデータは最終的にマッピング処理のエラーとして確実に発見できるようなチェック機能を実装する必要であるが，そもそもこうしたエラーが発生しないように，グループ会社側の個社科目追加手順に「マッピング表変更手順」を加えておく必要がある。

なお，マッピング表のほかにも，勘定科目のメンテナンス時に勘定科目との整合性が要求される個所を漏れなくメンテナンスできるように，手順を定めて

【図表4-20】個社科目の追加によるマッピングへの影響

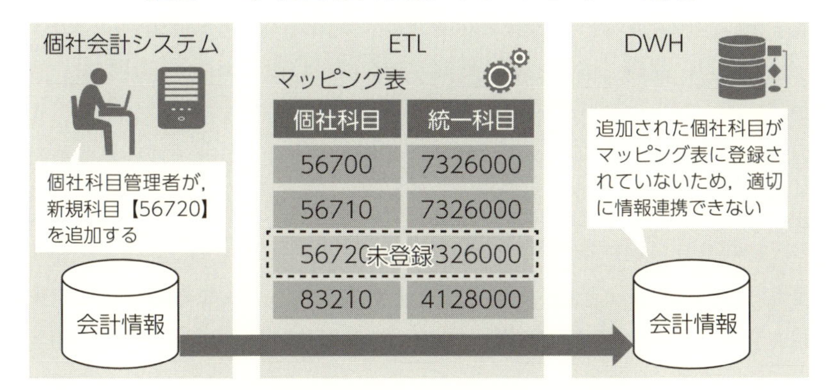

おくことが望まれる。例えば，配賦基準などの関連マスター，SCM領域等の上流のシステムからのインターフェース設定，自動仕訳設定テーブル，予算システムにおける予算科目マスターといった関連マスターが挙げられる。さらに，前年同期比の見せ方を検討し，必要に応じて前期実績を変更前後の科目間で組替えできたかなど，検討するべき項目をチェックリスト形式に定めておくことが望まれる。

他方，統一科目に追加・削除がある場合，すなわち個社科目のマッピング先が変更となる場合は，統一科目の管理者が，グループ各社の個社科目管理者に対して，追加科目へのマッピングの指針と切替年月日を明確に通達し，同期日までに各社によるマッピング表のメンテナンスが完了するように進捗を確認する必要がある。個社科目と同様に，予算システム，連結システム，前年同期比の見せ方といった関連する箇所の更新の要否も，統一科目の管理者が確認できるように手順化する。

(3) マッピング方式の制約と留意点

勘定科目の統一ができずに個社科目を利用している会社でも，個社科目から統一科目へのマッピングが正確に用意できれば，統一科目を利用する会社と同じ物差しで会社間比較の対象とすることが可能となる。特定の勘定科目の全社分の取引を抽出してモニタリングすることもできる。

しかし，このような方法で確実に収集できる会計データは，会社コード，日付，統一科目，組織，金額といった基本的な項目に限られる。個社会計システムでは，勘定科目が個社科目であるだけでなく，その他すべての管理項目が個社独自のものであるためである。勘定科目だけをマッピング方式で統一科目とし，集計可能なものにできたとしても，勘定科目以外の項目は統一されていないので，親会社における分析への有用性は限定される。

また，一般にDWHのような情報系システムでは，重要な管理セグメントの項目を必須としているか，あるいは空白のまま登録はされるものの自動的に「その他」と認識して集計するようになっている。考えられる対策は，当該特定の管理セグメントに属しているとみなして，固定値を自動で代入して当該子会社のデータ全体を単一の管理セグメント値にする方法であるが，当該子会社の数値が本来的にも単一セグメントに属するケースを除いて，情報の精度が低下する（**図表4-21**）。このような方法につき，情報の利用者，すなわち親会社の業績管理部門や意思決定者が妥協できるかどうかの検証が必要となる。

妥協できない場合は，単体管理会計システムの会計データの特定の項目（例えば組織など）から管理セグメントをマッピングして導出させる必要がある。これはシステム的には，ETLのデータ加工ロジックに個社ごとの特別な仕様を実装するということであり，実装コストや持続的なメンテナンスを必要とする。得られるメリットに照らして慎重に判断するべき事項である。

【図表4-21】管理セグメントのマッピング

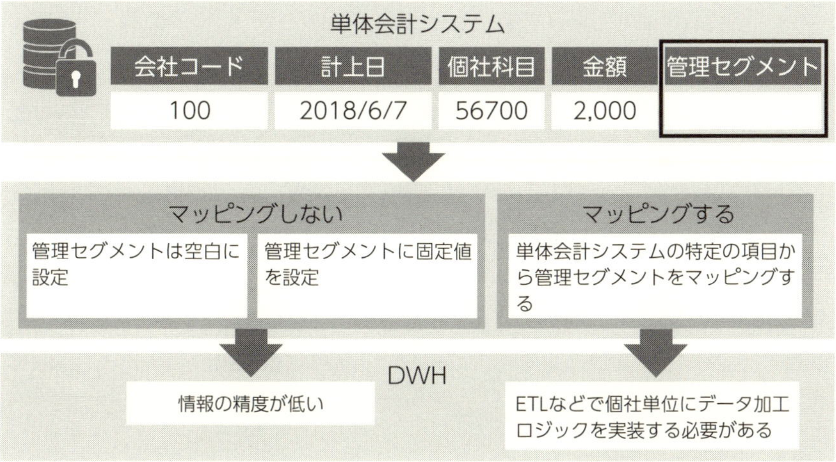

単体会計システム

会社コード	計上日	個社科目	金額	管理セグメント
100	2018/6/7	56700	2,000	

マッピングしない

管理セグメントは空白に設定

管理セグメントに固定値を設定

マッピングする

単体会計システムの特定の項目から管理セグメントをマッピングする

DWH

情報の精度が低い

ETLなどで個社単位にデータ加工ロジックを実装する必要がある

(4)　マッピング方式のソリューション動向

近年，複数のITベンダーから会計データの統合ソリューションがリリースされている。背景として，ETLの普及や，インメモリデータベース（読み書きに時間のかかるディスク装置ではなく，高速処理できるメインメモリ上にデータベースを稼働させる技術）などのデータベース技術の進歩，クラウドサービスの拡大がある。

例えば，一般的なETLに，自動仕訳作成機能が組み込まれたソリューションが見られる。当該ソリューションでは，抽出した業務システムのデータをもとに，ユーザーが定義した仕訳ルールに従って財務会計仕訳と管理会計仕訳といった複数の仕訳データを自動で作成し，それぞれ財務会計システムとDWHといった別々のシステムに連携することができる（図表4-22）。グループ各社の管理会計がほとんど表計算システムで行われているケースや，管理会計システムがあったとしても独自性が強くグループ統合できる可能性がほとんどないようなケースでは，グループ各社の管理会計仕訳を一新し，グループ統一の管理会計システムを構築するアプローチも有益であるといえる。

【図表4-22】ETLを応用したデータ統合ソリューションの例

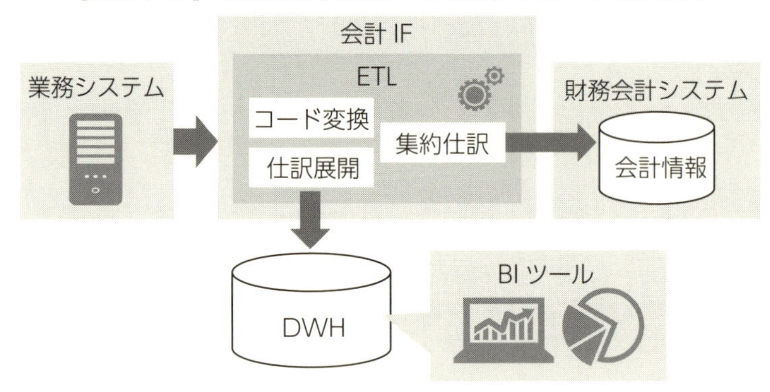

あるいは，図表4-23のように，ERP等の会計システムのオプションモジュールとしてグループ統合用の元帳とBI機能を備えるケースもみられる。例えば，親会社や主要な子会社は統一科目のもとERPの会計システムを利用しつつ，その他の小規模子会社などは個社会計システムから個社科目ベースの会計データを抽出して統一科目に変換することで，グループ統合の元帳を実現する方法も紹介されている。ERPが従来のDWHの領域まで機能スコープを拡張してきた

ということになる。背景にあるのは，業務処理系のシステムと蓄積・照会系のシステムとが同居できるほど進歩したデータベース技術である。システム構成がシンプルであり，導入や運用が複雑になることを避けることができること，システム間インターフェースが少ない分リアルタイム性を高められることがメリットと考えられる。

【図表4-23】会計情報のグループ統合機能を持つERPソリューションの例

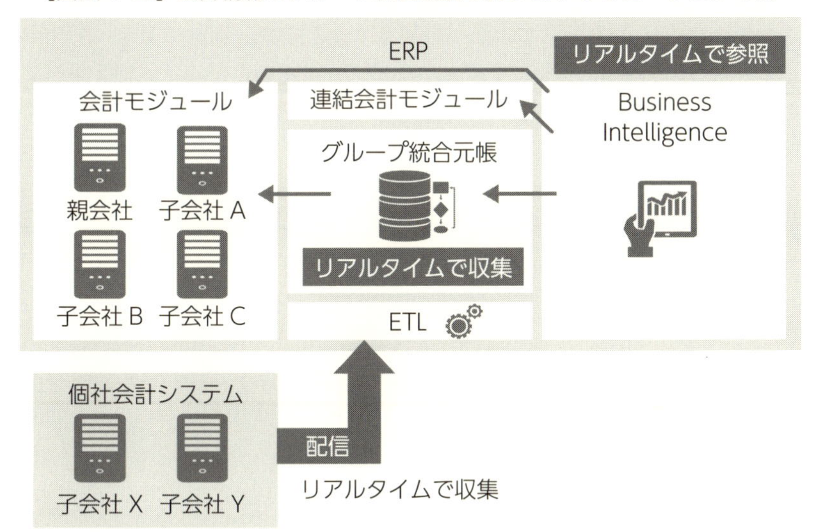

注意したいのは，これらの会計データ統合ソリューションが提供してくれるのはあくまで単体会計システムからのデータ抽出の仕組みと，指定された条件に従って画面に表示したり形式を調整したりするためのユーザーインタフェースに過ぎないという点である。これらのソリューションを活用してグループ業績情報をどのように視える化するのか，決めるのは企業自身である。視える化したいKPIと切り口について議論を重ねたうえで，収集するデータとしてどの勘定科目にどの管理セグメントが必要なのかを明らかにし，当該データを生成する仕様としてグループ各社単体の会計データからどのように変換して生成す

ればよいか。これらはデータ統合ソリューションを採用するかどうかにかかわらず，検討する必要がある。主な論点は，科目マッピングの定義と管理セグメントの取扱いであるが，ポイントはいずれも本節(2)(3)に示したとおりであり，データ統合ソリューションを採用することでこれらの論点が自動的にクリアできるわけではない。

特に管理セグメントに関しては，個社ごとに，コード変換における変換元となる項目が不足する場合も考えられる。グループ各社が，管理セグメントまたはこれに変換可能な情報をどのように用意できるかを，同社の業務プロセスやデータフロー，システム仕様を調査したうえで，議論しておく必要もある。

Column ④

BIの進化からみるシステム標準化の重要性

本文で触れたBI（ビジネスインテリジェンス）はすでに多くの会社で導入されているが，ほとんどの会社では定型的なレポーティング機能しか利用しておらず，BIの強みであるセルフサービス機能を有効に活用できているケースは少ない。

セルフサービス機能は，ユーザー自身がデータ分析の対象や切り口，表示形式を自在に切り替えながら画面表示させるものである。これは経営に有益な洞察を得るために，非定型のデータ分析を行うツールとして利用される。例えば，ある地域の長期間にわたる売上高の推移を，その地域に関する外部統計情報（例えば，インバウンド消費統計等）の推移と重ね，さらに売上を製品群別，購入層別というように切り口を任意に変えて分析して，何らかの相関関係を発見することで，これから利益を増大できる製品や顧客，それらの組み合わせなどを特定する，といった活用シーンが考えられる。利用者には，セルフサービス機能を自在に扱うためのITスキルと，事業内容や業界に対する深い理解の両方が必要である。

セルフサービス機能を扱う難しさを緩和させるために，マシンラーニングやAI（人工知能）の技術がBIに応用され始めている。例えば，データ項目として売上高の予算・実績数値を指定し，切り口として営業所と製品群を指定すれば，営業所ごとに予算・実績を並べた製品群別の積上げ棒グラフが表示されるなど，指定されたデータ項目や切り口の名称に応じて最適なグラフ形式を自動提案するといった機能が登場している。新しいものでは，表示結果を文章に要約して分析コメントとして付加してくれるという機能もある。

近い将来，AIやマシンラーニングで拡張されたBIが普及し，データ分析により大きな期待が寄せられるようになったときに，データ分析活用の障害となるのが「統合されていない社内データ」である。グループ各社のデータが独自の勘定科目と管理属性を用いて作成されている場合，グループとしてデータ分析を行うためには，さまざまなコードを「読み替え」る必要があり，これに多くのコストがかかる。将来，BIの活用を進めるために，グループ各社のシステムの標準化によるデータ統合を進めておくことが重要と考える。

第5章

勘定科目統一の進め方のポイント

◆本章のポイント◆

- 勘定科目統一の推進体制は，親会社の参画部門に加えて，勘定科目体系変更による影響が大きい，重要な子会社の参画要否を考慮して決定する。親会社側については，経理部門だけでなく，目的に応じて会計情報の利用部門である経営企画部門や経営管理部門，事業部門，内部監査部門，およびグループの情報システムを把握している情報システム部門の参画を検討する。
- 勘定科目統一は，「統一方針の策定」，「勘定科目体系の策定」，「業務・システムの整備」，「各社への展開・教育」のステップで進める。
- 「統一方針の策定」のステップでは，科目統一の目的を明確にし，目的を達成するための勘定科目統一の方針（どの階層まで統一するか，どの会社を対象とするかなど）だけでなく，統一勘定科目を利用した業務・システムの対応方針を決める。
- 「勘定科目体系の策定」のステップでは，各社の現状の勘定科目体系を調査したうえで，統一方針に従って統一勘定科目体系の原案を作成する。原案を各社へ導入した場合の影響を確認し，最終化する。
- 「業務・システムの整備」のステップでは，統一勘定科目体系を適用した各社の業務・システムの構築だけではなく，適用後の統一勘定科目体系のメンテナンス方法の検討についても取り扱う。
- 「各社への展開・教育」のステップでは，各社に統一科目を適用するが，統一科目の定義や従来からの変更点のみならず，科目統一の目的（例えば，経営管理の高度化など）や関連する業務上の変更点（例えば，KPIの計算方法など）についても教育していくことが重要である。
- 勘定科目統一を単独の取組みとして進めるケースよりも，グループ会計システム導入などのプロジェクトと並行して進めるケースが多い。その場合，統一勘定科目をシステム要件として，システムプロジェクト側へ適切に連携することがポイントとなる。
- 親会社収集科目へのマッピングで対応する場合，親会社側で必要な勘定科目体系を検討する。各社で親会社収集科目と適切なマッピングが維持されるよう，マッピング変更対応の業務手順を整備することが求められる。

第１節　推進体制

(1)　親会社側の関与部門

勘定科目統一は通常，各子会社のニーズではなく，親会社のニーズを満たすために行うため，当初は親会社中心に取組みを推進することになる。一般的に制度連結の勘定科目，および親会社単体の勘定科目の管掌部門は経理部門であることが多く，親会社の経理部門が主担当となり統一勘定科目体系を検討することが多い。しかし，経理部門だけで勘定科目体系を検討すると制度会計の観点で必要な勘定科目のみを設定してしまいがちである。そのため，統一勘定科目体系検討の初期段階から会計情報のユーザー部門の要望を確認しながら進めることが望ましい（図表５-１）。

【図表５-１】親会社の関与部門

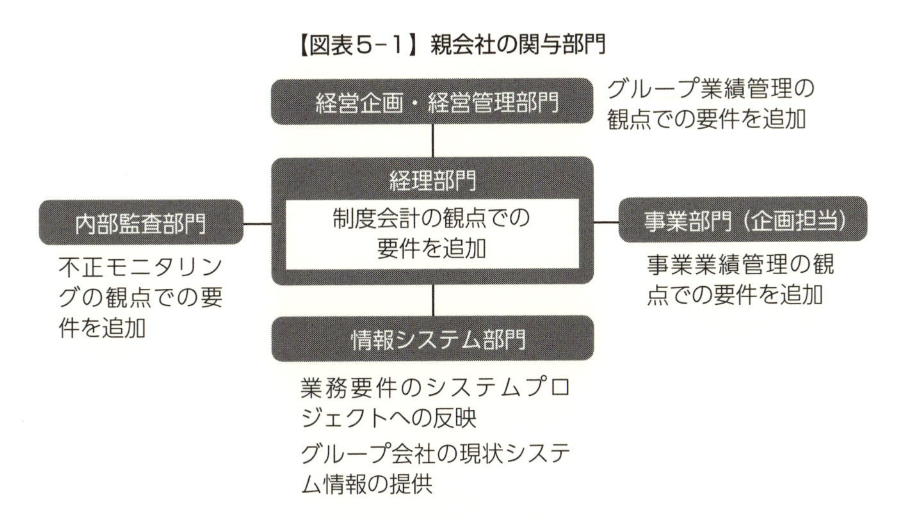

勘定科目は制度会計での決算書作成だけに利用するのではなく，予算管理や見込管理などの業績管理にも利用する。グループ経営管理の高度化を目的とした各種の取組みにおいて勘定科目の統一を検討する際には，制度会計データの

ユーザーである経理部門だけでなく，管理会計データのユーザーである経営企画部門や経営管理部門，または事業部門（企画・管理担当）などの関与が必須である。経営企画部門や経営管理部門はグループ全体の業績管理の視点から，事業部門の企画・管理担当は事業業績管理の視点から，それぞれ必要な勘定科目を提案することが期待される。例えば，本社費の配賦・振替用科目や資本コストや投下資本などの管理会計上でのみ利用される勘定科目や複数事業を行う企業におけるある事業固有の勘定科目などがそれに該当する。

また，会計システムの改修や新規構築を契機として勘定科目統一を図る場合は，当初から情報システム部門も関与する必要がある。情報システム部門が関与することにより，統一勘定科目を業務要件としてシステムプロジェクト側に適切に反映させることができるし，グループ会社の現行システムでの勘定科目の持ち方や属性情報の保持の仕方などの情報を収集して統一勘定科目の策定において考慮することもできる。

内部監査における不正モニタリングの観点で必要な勘定科目もグループ統一勘定科目体系に含めて検討するような場合，内部監査部門も関与させるほうが望ましい。特に内部監査部門が海外子会社の内部監査を十分に行っている場合，内部監査部門の知見・経験に基づき，不正が発生しやすい勘定科目について制度会計で必要となる区分よりさらに詳細に科目設定するなど，不正モニタリングの要件を確認しておくと，昨今増加しつつある海外子会社を中心とした不正対応に有効である。

実際には，上記で挙げた各部門がすべて参加するとは限らない。勘定科目統一の目的に応じて参画が必要となる部門を考慮して推進体制を決めることが必要となる。

(2) 子会社の関与

グループ統一勘定科目体系を検討する際に，子会社の関与方法としては２つの方法がある。１つ目は，親会社が主体的にグループ統一勘定科目体系の原案を策定し，原案作成後にグループ各社に対して要望を確認する方法である。もう１つの方法は，会社の規模や親会社との事業の違いなどにより，勘定科目体系変更の影響が大きい，重要な子会社を当初から検討体制に加えて，初期の段階から子会社側の要望を踏まえて検討する方法である。本書では前者を「トップダウン型」，後者を「調整型」と呼ぶことにする（図表5-2）。

【図表5-2】勘定科目体系の検討における子会社の関与

トップダウン型				
親会社	現状分析	→ 統一科目原案策定		最終化
子会社			適合性調査	

調整型				
親会社	現状分析	→ 統一科目原案策定		最終化
重要な子会社	（現状分析）	（統一科目原案策定）		
その他子会社			適合性調査	

統一の進め方	概　　要
トップダウン型	親会社が中心となり現状分析，統一科目の原案を策定する。各社への適合性調査を行い，統一勘定科目の最終化を行う。
調整型	親会社と重要な子会社が中心となり現状分析，統一科目原案を策定する。（重要な子会社を除く）各社で適合性調査を行い，統一勘定科目の最終化を行う。

「トップダウン型」は親会社が策定した原案を各社へ展開し，各社で適合性調査を行い，最終化する進め方となる。単一事業の企業グループでは，親会社と子会社の間で勘定科目に求める要件がある程度共通するため，親会社主導で，親会社の勘定科目をベースにしながら統一勘定科目を取りまとめる「トップダウン型」が整合する。

一方で「調整型」では，統一勘定科目体系の原案を策定する段階から，親会社だけでなく重要な子会社も統一勘定科目体系の原案策定に参画する。重要な子会社分も含め，現行勘定科目体系の現状分析，統一勘定科目体系の原案策定を行い，策定した原案を各社へ展開し，各社で統一勘定科目体系の適合性調査を実施，最終化する進め方となる。

グループに複数の事業があり，親会社では行っていない事業を子会社で行っている場合，子会社が求める勘定科目の要件は親会社では把握できないのが通常である。事業別に異なる要件を確認せずに統一勘定科目体系を策定した結果，統一科目を使用できない子会社が生じるということがないように，原案の策定段階から，特に異なる事業を行う主要な子会社を巻き込んでおく必要がある。

一方で，参画する子会社が多くなるほど要望の種類も多くなり，異なる要望間の調整やとりまとめが難しくなる。調整がうまくできずに，類似する勘定科目を数多く設定してしまった結果，統一勘定科目体系を構成する勘定科目が膨大になる可能性もある。当初から参画した子会社には，勘定科目統一の目的や方針についてよく理解してもらい，自社の要望を伝えるだけではなく，調整・とりまとめに協力してもらうことが極めて重要である。どの子会社にも通常自社固有の要望があるものなので，原案作成段階の主要子会社の要望の調整方法が，展開段階のその他の子会社に対する適用時の参考になる。

なお，トップダウン型，調整型のいずれにおいても，親会社が，勘定科目統一の目的に照らし，統一勘定科目体系の策定を主導し，最終的な判断をするという点において違いはない。

従来から子会社の経営管理を各社の自治に任せており，子会社に対するガバナンスが緩やかな企業グループでは，親会社主導で統一した勘定科目体系に対して子会社が納得感を示さないこともよくみられる。また，子会社のニーズを十分に確認しないまま統一勘定科目を設定した結果，展開段階で子会社側から適用に反対されたり，統一勘定科目に多くの追加設定を余儀なくされたりするようなケースもある。合理的な追加であればやむを得ないのであるが，統一勘定科目に合わせるための現状からの変化や負担を否定するスタンスに起因するケースもある。勘定科目統一の取組みは，基本的にグループとしてのニーズに基づくものであることを踏まえ，親会社側が目的を明確に伝えて，子会社のコンセンサスを得ながら進めていくことが極めて重要である。

第２節　各ステップにおける進め方のポイント

(1)　勘定科目統一のステップ

勘定科目統一は以下の４つのステップで進められる（図表５-３）。

・ステップ１：統一方針の策定

・ステップ２：勘定科目体系の策定

・ステップ３：業務・システムの整備

・ステップ４：各社への展開・教育

次項以降で各ステップにおける方法論や推進における留意点などを，具体的なツールの紹介などを含めながら説明する。

【図表５-３】勘定科目統一の進め方

ステップ１ 統一方針の 策定	ステップ２ 勘定科目体系 の策定	ステップ３ 業務・システムの 整備	ステップ４ 各社への 展開・教育
✓勘定科目統一の目的を明確にする。 ✓統一の方針（統一する科目階層，対象会社）や業務・システムの方針を決める。	✓現状の勘定科目体系を調査したうえで，目的に照らした統一科目体系の原案を作成する。 ✓原案を各社へ導入した場合の影響を確認し，最終化する。	✓勘定科目統一の上位の取組みにおける最適な業務・システムを構築する。 ✓統一勘定科目適用後のメンテナンス方法を検討する。	✓勘定科目統一の対象会社に新たに採用する統一勘定科目や新たな業務・システムの変更点を説明する。

(2)　ステップ１：統一方針の策定

勘定科目の統一は，グループ経営管理の強化に向けたさまざまな取組みの目的（例えば，会計情報の質の向上や財務経理業務の効率化）を達成する手段の

1つとして検討される。第2章でも説明したように，それぞれの取組みの目的によって必要となる統一勘定科目体系は異なるため，勘定科目を何のために統一するのかを明確にし，検討メンバー間で共有することが重要である。勘定科目統一の取組みでは，原案の作成段階での意見の相違やグループ会社への適用段階での多様な要望に対する調整が生じるのが通常であるが，その際には必ず目的に立ち戻ることが求められる。取組みを推進するメンバーは何のための統一なのかを常に意識しておく必要がある。

統一勘定科目の具体的な検討に入る前に，勘定科目統一の目的を踏まえて，どの勘定科目階層までの統一とするか（中間階層までか，各社で使用する末端階層までの統一なのか），また，どの会社を対象として統一するのかについて，方針として明確化しておくことも必須である。

勘定科目統一を推進する立場からは，すべてのグループ会社の個社単体科目の末端階層まで統一することが理想的であり，この状態を目指すべきと考えがちであるが，勘定科目の統一はグループとしてのニーズである一方，勘定科目はグループ各社の実務ですでに使用されているものであるため，実務への影響をなるべく少なくするため，グループとしてのニーズを満たす範囲に限定して統一を目指すべきである。当初の目的を忘れ，科目統一自体が目的化すると，各社からの抵抗を受けて，各社の現行の勘定科目を足し合わせただけのような意味のない統一科目ができ上がることもある。科目統一の目的を常に意識して，合理的な方針を設定することが重要となる。

科目統一の目的と目的に整合した統一科目階層および対象会社の範囲に係る方針が明確になっていることで，以後の作業の指針ができ，調整局面をうまく乗り切ることができる。したがって，プロジェクト形式で進めるか否かにかかわらず，方針策定時点で関係者によるレビューや責任者による承認を受けておくことが望ましい。

さらに，統一科目自体の方針だけではなく，科目統一の目的に応じた統一後の財務経理業務や経営管理業務のあり方，すなわち統一勘定科目を利用した業務とシステムの対応方針も策定する必要がある。例えば，グループ業績管理高度化を目的とした統一であれば，親会社における業績管理ルール・業務プロセス・体制や，第4章で説明したDWHやBI，連結会計システムなどを使ったグループ業績管理に関わるシステム構成の方針などを明確にしておくことが必要となる。

同様に，財務報告の信頼性向上や会計情報の精度向上が目的であれば，会計方針の統一の取組方針を検討しておくことが必要となり，子会社の財務経理業務の標準化であれば，業務標準化の取組方針やグループ会計システムの導入方針などを明確にしておくことが重要である。

勘定科目を統一すること自体が目的ではないため，科目統一だけが単独の取組みとなるケースはむしろ稀である。他の取組みの一部として進める場合も他のプロジェクト（システム導入など）と並行で進める場合も，より上位の目的に照らして，方針間の不整合がないようにする必要がある。なお，グループ会計システム導入と並行して進める際のポイントは第3節にて後述する。以下では，科目統一の取組みに焦点を当てて説明する。

⑶　ステップ2：勘定科目体系の策定

勘定科目体系策定の検討ステップは第1節で説明したとおりである。「トップダウン型」か「調整型」かによって検討に加わるメンバーは異なるが，検討ステップはおおむね共通しており，①現状分析，②統一科目原案策定，③適合性調査，④最終化のステップで進めることになる。以下ではそれぞれのステップにおける検討のポイントを説明していくことにする。

①　現状分析

⑵で説明した「統一方針の策定」段階において，科目統一する対象会社の範囲が決定している。このステップでは，対象会社の現状の勘定科目体系を調査する。現状，グループ各社がどのような勘定科目を使って，財務経理業務や経営管理業務を行っているかを把握するのである。勘定科目自体だけではなく，勘定科目体系，コード体系，それらの背景にある考え方やシステム上の制約等

の情報を収集・整理しておく。

図表5－4，**図表5－5**は各社の勘定科目体系を比較する際に作成する表の一例である。図表5－4は各社の勘定科目体系の階層や勘定科目コードのとり方，利用している会計システムなどの情報を概括的にまとめたものである。また，図表5－5は各社の勘定科目の違いを一覧にまとめたものである。このような各社横並びの一覧表を作成し，各社の現状を視覚的に把握することで，現状の最大公約数的な勘定科目体系がどのようなものかを把握することや，特殊な勘定科目体系を持つ会社や固有のニーズのある会社がどこなのかをあぶり出すことが容易になる。これは，以後の統一勘定科目体系の原案策定の際に有用である。

【図表5－4】会社別の勘定科目の比較例①

-		親会社	A社	B社	C社	…
勘定科目の階層数		5	4	4	3	…
勘定科目コードの桁数		10	8	8	8	…
階層別の桁数	第1階層	1	1	1	2	…
	第2階層	2	2	2	2	…
	第3階層	2	2	2	4	…
	第4階層	2	3	3	-	…
	第5階層	3	-	-	-	…
勘定科目数		2325	1520	952	1081	…
会計システム		SAP	Super Stream	Super Stream	用友	…
…		…	…	…	…	…

このようなグループ各社の勘定科目の現状調査は作業量が多く，負荷が高い作業である。そのため，統一対象となるグループ会社数が多い企業グループなどではすべての子会社を調査対象にするのではなく，主要な子会社に絞り込んだり，類似する子会社をグルーピングしたりするなど，調査対象を絞り込むことにより，調査にかける業務負荷に対する効果を高めることが重要である。場

【図表5-5】会社別の勘定科目の比較例②

勘定科目	会社					備考
	親会社	A社	B社	C社	…	
総資産	●	●	●	●	…	
流動資産	●	●	●	●	…	
現預金				●	…	※C社は現金と預金をまとめて現預金としている
現金	●	●	●		…	
預金	●	●	●		…	
…	…	…	…	…	…	
売掛金	●	●			…	
受取手形				●	…	
未収金					…	
…	…	…	…	…	…	
棚卸資産						
商品	●	●	●		…	
製品	●			●	…	※A社とB社は販売会社のため，製品勘定は不要
仕掛品	●			●	…	※A社とB社は販売会社のため，仕掛品勘定は不要
…	●			●	…	
…	…	…	…	…	…	
固定資産	●	●			…	
…	…	…	…	…	…	
負債	●	●	●	●	…	
…	…	…	…	…	…	
純資産	●	●	●	●	…	
…	…	…	…	…	…	
売上高	●	●	●	●	…	
…	…	…	…	…	…	
…	…	…	…	…	…	

合によっては，会社によって調査内容に濃淡（科目体系と業務・システムの概要調査をする会社と業務・システムの詳細まで調査する会社に分けるなど）を

つけて実施することも一案である。

また，各社に親会社へ報告する連結勘定科目と単体勘定科目のマッピング表の有無を確認し，マッピング表があれば，それを利用することにより効率的に比較表を作成することができる。このような資料があるかどうかで，作業工数は大きく変わる。

調査方法についても検討が必要である。ヒアリングにより各社の現状を詳細に確認する方法もあれば，アンケート調査表を配布することにより各社に必要な情報を提供してもらう方法もある。

ヒアリング調査ではアンケート調査より具体的な内容を確認することができる一方，各社との日程調整や各社への訪問などが必要になるため相応の時間とコストを要する。海外子会社への訪問は，特に時間とコストがかかるため，代替的な手段としてテレビ会議や電話会議で実施するなどの方法も検討すべきである。

実際のプロジェクトでは，まずアンケート調査で概要を把握したうえでより詳細な情報を把握したい場合に直接各社にヒアリングを実施する方法をとることも多い。その際，最初のアンケート調査でいかに効率的に情報を把握できるかがポイントとなる。

ただし，最初からあまり多くの情報を把握しようとして大量のアンケート調査表を作成しても回答する側の手間がかかり，また集計作業や分析にも手間がかかることになる。そのためアンケート調査については必要最小限の項目を整理し，スピーディーに各社の現状を把握することが求められる。

②　統一科目原案策定

このステップは，グループ各社の現行勘定科目の分析結果に基づき，統一勘定科目体系の原案を検討するプロセスである。一般にゼロベースで統一科目体系を検討するのではなく，親会社側の勘定科目をベースに検討することが多い。ただし，親会社は規模も大きく複数事業を抱えているため，勘定科目が細分化され過ぎていて数が多く，グループ統一科目のベースには不適切と考えられる場合もある。その場合は，親会社の現行の勘定科目をベースとしつつも，末端の科目ではなく上位の階層をベースとする，もしくは統一科目の検討の前に現行の親会社の勘定科目の簡素化を先に試行するなどの対応を検討する必要がある。

第2章で説明したように，グループ業績管理に利用する会計情報の精度向上が目的なのであれば，末端科目までの統一は必ずしも必要ないため，上位から一定の階層までを統一科目とし，その下は各社が必要な科目（以下，個社固有科目と略）を独自に設定できる個社自由階層とすることを前提に，科目原案を策定することができる。その際，統一科目原案のベースとする現行の勘定科目のうち，どれを統一勘定科目とし，どれを個社固有科目とするかの判断が必要となる。ここでも科目統一の目的に照らして判断することになる。

例えば，親会社では業績管理のために「旅費交通費」を「国内出張旅費」，「海外出張旅費」，「その他旅費交通費」の3つに区分しているが，子会社では「旅費交通費」の明細を区分していない場合，グループ業績管理で統一する科目を「旅費交通費」とし，「国内出張旅費」，「海外出張旅費」，「その他旅費交通費」は親会社の個社固有科目として設定するような対応が考えられる。

科目統一の目的に照らして統一科目とすべきか否かの判断がつかないようなケースでは，多くのグループ会社で使用している勘定科目に合わせる方向，また，統一科目の数を少なくする方向で検討するのが通常である。例えば，特段の管理上のニーズはないものの，従来から「電力費」，「水道費」，「ガス燃料費」の3つの勘定科目を使用している会社が1社だけあるような場合，これら3つの勘定科目を他のグループ会社が使っている「水道光熱費」に統合する方向で検討するであろう。このように性質が類似する勘定科目と統合できるかどうかを，統合した際に想定される個社の管理ニーズに与える影響をもとに検討する。そのうえで，当該勘定科目の連結ベースでの金額的重要性，当該勘定科目（統合可能な類似勘定科目を含む）を使用しているグループ会社の数や重要性，などをもとに判断する。

なお，科目統合の可否についての個社への確認は，後の展開ステップで行うため，原則としてこの段階では行わない。調整型のアプローチをとる際には，ここで重要な子会社の意見が反映されることになる。

また，グループ統一勘定科目体系（勘定科目の階層構造とそれぞれの階層の勘定科目）の原案を決めた後は勘定科目定義書を作成することが重要である。この後のステップで各社に統一勘定科目の導入に伴う影響を調査することになるが，その際にそれぞれの統一勘定科目がどのような定義になっているかがわからなければ各社はその妥当性を判断ができないため，この段階での勘定科目定義書（原案）の作成が必要である。

勘定科目定義書の形式は各社各様であり，決まった形式はない。一覧表形式で各科目の階層とそれぞれの科目の定義を記載している会社もあれば，説明書形式で，各勘定科目について詳細に定義や解説を記載し，具体的な適用ケースと仕訳例を入れている会社もある。**図表5-6**，**図表5-7**で勘定科目定義書の

【図表5-6】勘定科目定義書の例①：一覧表形式

科目コード／科目名称	科目の定義
10000000　総資産	貸借対照表の資産科目の総合計 （流動資産＋固定資産＋繰延資産）
10100000　流動資産	営業循環の過程に含まれる資産と利用・運用までの期間が決算日の翌日から起算して1年以内の資産
10100100　現預金	現金＋預金＋…
10100101　現金	通貨，および通貨代表証券（小切手等）
10100102　預金	金融機関に預入している預金残高（普通預金，当座預金等）
…	…
10100200　売上債権	売掛金＋…
10100201　売掛金	製品販売，サービス提供に伴い発生した営業取引上の売上未回収金
…	…
…	…
…	…
…	…

【図表５-７】勘定科目定義書の例②：説明書形式

コード	10100100
科目名称	現金

科目の定義・内容	⇒各勘定科目の定義を当該科目に包含される内容などの具体例とともに記載 <記載例> 現金とは通貨と通貨代表証券を処理するための資産勘定である。通貨代表証券とは主に小切手，送金為替手形，ゆうちょ銀行の為替証明，配当金領収証などが該当する。
仕訳例	⇒当該勘定科目を利用した仕訳例などを記載 <記載例> ①経費支払 〇〇費　／　現金 ②預金の引出 現金　／　預金
特記事項	⇒経理業務上の留意事項などを記載 <記載例> ・現金残高の照合は日次で実施し，現金残高は資金管理規程に定められた残高限度内の保持にとどめること。 ・…

作成例を示す。説明書形式を採用する際は，各勘定科目間の関係を示すため，科目階層を表現する一覧も整理することが必要となる。

勘定科目定義書は，統一勘定科目の定義を明確にするとともに，グループ各社が統一勘定科目と個社勘定科目を紐付ける際の指針となるものであるため，そのような観点を意識した記載とすることが有用である。例えば，統一勘定科目では外部業者に業務委託した場合に用いる「業務委託費」とは別に外部倉庫業者等への入出庫・保管業務の委託を含む物流業務全般に関連する勘定科目として「物流費」を設けている場合，各社が使用方法を誤らないように，勘定科目定義書の「業務委託費」と「物流費」それぞれの説明に別科目として設定する旨，注釈をつけるなどの対応が必要となる。

勘定科目定義書は，新会計基準の導入や新規取引・事象に対応した統一勘定科目の追加・削除などによるメンテナンスのほか，ユーザーからの問い合わせを受けた明確化なども想定されるものである。あまり細かく記載しすぎるとメンテナンスに負荷がかかるし，ユーザーにとっても読みづらいものとなるため，これらの点を念頭に置いて作成することが求められる。

③　適合性調査

このステップでは，作成した統一勘定科目の原案に対してグループ各社の適用時の対応可否を把握するとともに，追加要望がないかを確認する。特に現状分析の段階で把握できていない会社が原案をそのまま採用できるかは不明のため，この段階での確認作業は必須である。

調査方法としては，各社に勘定科目統一の趣旨を含めた説明会を実施する，もしくは説明用の資料を作成して科目原案とともに各社に送付して確認依頼するなどの方法がある。勘定科目の統一の背景となった目的がグループ会社にとって周知のものでないのであれば，このステップで丁寧に説明を行い，協力を取り付けておくことが重要である。具体的にどのような方法で説明・確認を行うかは，対象会社の重要度などによって検討する。

図表5-8は各社からの回答をもとに作成した調査結果の分析表の例である。勘定科目体系の原案に対する対応可否や要望を一覧表にまとめるとわかりやすい。

調査結果をまとめる際には以下の点を考慮する必要がある。

・統一勘定科目原案と各社の現行の単体勘定科目の対応関係（**図表5-9**）
・１対N対応になっている場合，現行の科目を統合することは可能か
・N対１対応になっている場合，現行の科目を分割することは可能か
・N対M対応になっている場合，現行の科目を分割・統合して１対１対応（または１対N対応）にすることは可能か
・上記の対応ができない場合の理由

【図表5-8】適合性調査結果の整理例

××株式会社

統一勘定科目（案）	現行勘定科目	対応関係	統一科目への対応可否	対応不可の理由
現金	現金	1対1		
預金	当座預金	1対N		
	普通預金	1対N		
定期預金	定期預金	1対1		
…	…	…	…	
製品	製品	N対1	対応可能	
半製品	製品	N対1	対応可能	
…	…	…	…	
売上高	製品売上高	N対M	対応不可	製品と工事を一括で価格設定して取引する（値引する場合もある）ため区分不能
	工事売上高	N対M	対応不可	同上
売上値引	製品売上高	N対M	対応不可	同上
	工事売上高	N対M	対応不可	同上
…				

←　子会社側で記載（現行勘定科目～対応不可の理由）　→

子会社側で記載

✓統一勘定科目と各社の現行勘定科目とその対応関係（1対1，1対N，N対1，N対M）を記載する。
✓対応関係がN対1やN対Mになっている場合，各社の勘定科目を統一勘定科目に合わせて対応することができるかどうかを確認する。
✓対応ができない場合，その理由を記載する。

・原案に対する勘定科目の追加要望

④　最終化

適合性調査結果を踏まえてグループ統一勘定科目体系を最終化する。

適合性調査の結果，子会社側で対応不可と回答した統一勘定科目について，子会社の要望を踏まえて統一勘定科目に追加するか，グループ最適の観点で統

【図表5-9】統一勘定科目と子会社の単体勘定科目の対応関係

対応区分	内　　容	例	
		統一勘定科目	単体勘定科目
1対1対応	1つの統一勘定科目に対して，1つの単体勘定科目が対応	現金	現金
1対N対応	1つの統一勘定科目に対して複数の単体勘定科目が対応	預金	普通預金 定期預金 当座預金
N対1対応	複数の統一勘定科目に対して1つの単体科目が対応	製品 半製品	製品
N対M対応	複数の統一勘定科目に対して複数の単体勘定科目が対応	売上高 売上高値引 売上高割戻	製品売上高 工事売上高

一勘定科目に追加せずに，各社に統一勘定科目への変更対応を要請するかを決める。

どちらの対応にするかは，**図表5-10**のように業績管理上の重要性や，連結業績への金額インパクト，勘定科目以外の方法での情報把握手段の可否，同様の個社固有科目を要望する会社の数などを考慮して決定することになる。その際，選定基準（例えば，連結販管費の○%以上，など）を明確化することが有

【図表5-10】統一勘定科目選定の観点（例）

判断の観点（例）	内　　容
管理上の重要性	事業や機能の管理上必要となるか？
金額インパクト	グループ連結業績に大きな影響があるか？
代替可能性	勘定科目以外の項目で保持できないか？ (例：取引先区分　など)
利用会社の数	特定の会社だけはなく，複数の会社で必要になるか？

用である。こうした選定基準は運用開始前の個社要望の採用要否の判断だけでなく，運用開始後の科目追加要否の判断にも活用することができる。

また，この段階で勘定科目定義書や統一勘定科目の設定基準などの各種ドキュメントを最終版として更新しておくことが必要になる。ここで作成するドキュメント類は各社への展開・教育のステップでも活用することになるため，手間はかかるものの事前に対応しておくことを推奨する。

また，次のステップに進む前に，各社からの回答に対するフィードバックを行うことが望ましい。特に各社からの追加要望については丁寧なフィードバックを心がけたい。各社で前向きな要望を出したにもかかわらず，それに対するフィードバックがなければ，各社を軽んじているように伝わり，この取組全体が一方的なものに感じられて，以降の作業に対する各社からの協力関係を得られにくくなる。各社に対する要望の採用可否について納得感を持って伝えるために，グループ統一勘定科目の設定基準を合わせて伝えることが有用である。このステップに限らず，そもそも各社の自治を一部奪ってグループのニーズに合わせてもらうという性質の取組みであるから，各社とのコミュニケーションは慎重に行うことが肝要である。

(4)　ステップ3：業務・システムの整備

勘定科目統一後の業務がどのようなものになるかは，勘定科目統一の目的によって異なるため，それぞれの目的に沿って最適な業務を設計することになる。第4章で説明したように，勘定科目統一に際しての情報システムの改修・構築の要否やその程度も科目統一の目的による。財務報告の信頼性を高めるための科目統一であれば，各社の情報システムは現状のままにして勘定科目マスターなどの関連するマスターの変更である程度の目的を達成できる場合もあるし，財務経理業務の標準化を目的とした勘定科目統一であれば，会計システムの共通化が必要になる場合が多い。

【図表5-11】勘定科目統一の目的と必要な業務・システム対応（例）

		勘定科目統一の目的		
		財務報告の信頼性向上	グループ業績管理の高度化	財務経理業務の標準化
統一勘定科目体系	統一する階層	中間階層まで連結科目に統一	中間階層まで業績管理上必要な科目に統一	末端階層まで勘定科目を統一
	必須となる対象会社	報告精度の低い会社	業績管理上重要な会社	効率化効果が高い主要な会社
必要な業務	作成する会計情報の粒度	開示セグメント別	管理セグメント別	管理セグメント別
	報告タイミング	四半期	月次	月次
必要なシステム ○：必須 △：任意 －：不要	単体会計システム	○	○	○
	DWH・BI	－	○	－
	ETL	－	○	－
	連結会計システム	○	○	－
	MDM	△	△	△

上記の**図表5-11**のように，勘定科目統一後の業務・システムは目的によって異なるが，統一勘定科目体系のメンテナンス（ビジネスの変化や管理上の要請などによる勘定科目の追加・修正・削除，および勘定科目間の紐付けの修正や勘定科目コードの修正）はいずれの場合でも共通して必要となる。統一勘定科目体系を設定したものの，メンテナンスに係るルールや業務プロセスが「親会社経理部門の承認を受けて各社で設定変更する」といった曖昧なものであったため，統一勘定科目を維持できず，しばらく経つと各社の勘定科目体系がバラバラになっているというようなことも実際には起こっている。ここでは統一勘定科目のメンテナンスのあり方についてのポイントを述べる。

①　統一科目のメンテナンス業務の整備

グループ統一勘定科目体系は，一度策定すると以後は不変のものというものではない。親会社側から連結で適用される会計基準の変更や戦略の変化を踏まえた業績管理上の要請などにより，統一勘定科目の追加・統合・分割・削除が生じる。個社側からも個社ニーズの変化に基づく変更要望が生じる可能性もあるし，勘定残高の重要性の変化により，重要でなくなった残高の勘定科目をその他に含め，その他に含まれている重要な残高の勘定科目を個別に設定するなど，見直すべきタイミングが来ることもあろう。したがって，統一科目のメンテナンス方法は，統一勘定科目の導入当初から明確にされている必要がある。

統一勘定科目のメンテナンス方法は統一勘定科目体系の統一階層の違いや，各社会計システムの統一状況により異なる。

(a)　統一勘定科目階層によるメンテナンス業務の違い

統一勘定科目を末端科目まで統一する場合と中間階層まで統一する場合でメンテナンス方法は異なる。

末端科目まで統一する場合，統一対象会社の勘定科目の変更は，統一勘定科目を管理する親会社を通じた承認プロセスが必要となる。子会社側で変更の要望がある場合，親会社に申請をし，親会社側で個社の要望の採否を検討する。各社の要望がグループ全体の観点で統一勘定科目の変更が必要ということになれば，統一対象の全会社に対して変更点や切替予定日，変更に伴い対応必要となる事項を通知し，各社側で勘定科目や関連するマスターの見直し，残高調整，上流システムからの自動仕訳の見直しなどの対応を実施する。また，親会社がグループ業績管理や制度会計対応の観点で統一勘定科目を変更する場合も同様に，変更点等を対象となる各社に通知する。

一方，中間階層まで統一する場合，統一対象となっていない個社自由階層の科目変更は各社側で自由に変更することが可能であり，各社側の要望に各社でマスター変更やシステム対応などを実施する。グループ業績管理上の必要性や制度会計の要請，個社要望による統一対象階層以上の集計科目の変更の場合は，上記の末端科目まで統一の場合と同様に子会社側での変更要望の申請や親会社側から統一対象会社各社に対する通知などが必要となる。

なお，統一勘定科目を変更する際には合わせて，グループの勘定科目定義書など関連するドキュメント類を変更することも忘れてはならない。

(b) システムの統一状況によるメンテナンス業務の違い

上記(a)で統一勘定科目の変更に伴う各社側でのシステム対応を各社で実施すると述べたが，グループ標準会計システムを利用している場合，勘定科目マスターや関連する配賦マスター等の修正は各社で実施するものの，前方システムとのインターフェースの修正対応は，各社で実施せずにグループの情報システム会社など標準システムの主管会社が代表して対応することもある。また，統一勘定科目を第4章で説明したMDMで一元管理しているような場合，MDMの管理をする親会社側で一括してマスター変更することも想定される。

どのような対応をとるかは各社のシステム構成に依存することになるが，統一勘定科目変更時のメンテナンス業務の手順は，**図表5-12**に示すような業務

【図表5-12】マスターメンテナンス業務フロー（例）

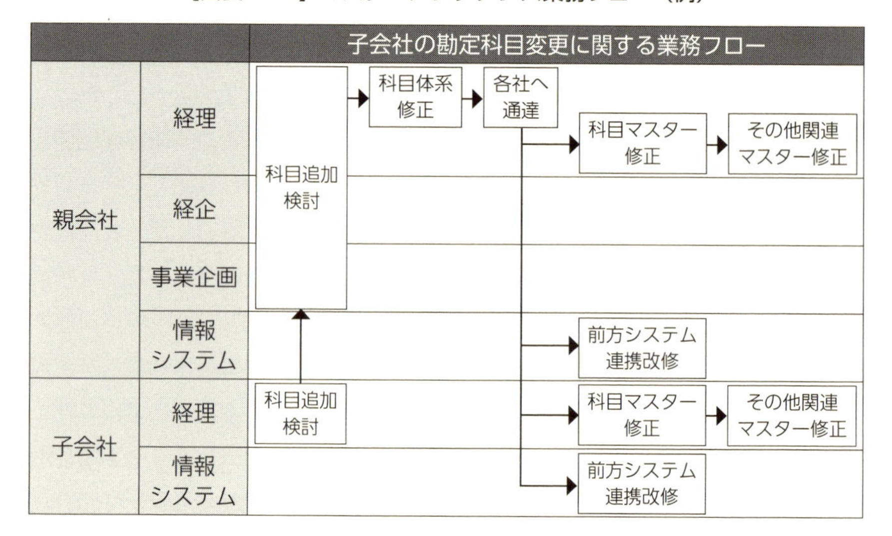

フローなどで整理しておき，各社側で必要な対応が漏れないように対応することが肝要である。

(5) ステップ4：各社への展開・教育

① 教育計画の作成

各社への統一勘定科目の展開・教育にあたり，まずは教育計画を作成することが一般的である。教育計画として事前に以下の**図表5-13**に示すような内容について決めておく必要がある。

【図表5-13】教育計画の項目（例）

項目例	内容
目的・狙い	教育実施の目的，狙い
対象者	対象会社と対象部署・対象者の役職
体制・役割	準備作業および教育実施に関する体制・役割分担
以下，対象者群ごとに	
教育方法	研修をどのように実施するか（集合研修・個別説明・E-learning，通達文書　など） １回の教育にかける時間
教育内容	統一の目的，統一勘定科目体系，統一科目の設定基準，導入開始時期，メンテナンス業務，など
スケジュール	準備，および教育実施のスケジュール
資料	教育時に利用するコンテンツ（説明用資料，勘定科目定義書，アンケートなど）

教育の実施はグループ業績管理の高度化や財務経理業務の効率化に向けたさまざまな取組み（以下，上位の取組みと省略する）の説明における１項目として勘定科目の統一について説明するような場合もあれば，統一勘定科目の説明だけを独立して実施することもある。以下では勘定科目統一のみの教育を独立して実施する際の留意点について解説する。上位の取組みの教育の一部として実施する際には，必要に応じて参考にしてもらいたい。

② 対象者ごとの教育内容

勘定科目統一の目的により教育対象者と教育内容は異なる。以下では勘定科目統一の目的ごとに想定される教育対象者と教育内容について説明する。

通常，教育対象となるのは，親会社，および子会社の財務経理部門，経営企画・経営管理部門，事業部門等の管理者，および現業スタッフなどが想定される。勘定科目統一は業績管理や財務経理業務に関する内容が中心となるため，親会社や子会社の経営者層に対して統一勘定科目の内容を詳細に説明することはあまりない。グループ業績管理の高度化や財務経理業務の効率化のための取組内容を説明する際に，勘定科目統一の方針や統一範囲の概要に触れることも想定されるが，ここでは勘定科目統一の取組みを中心とした教育を想定するため，親会社や子会社の経営者層は教育対象に含めない。

(a) グループ業績管理高度化のための勘定科目統一

グループ業績の視える化や子会社間比較のための取組みでは，会計情報の利用者である親会社の経営企画・経営管理部門や事業部門への説明が必要となる。第１節で説明したように勘定科目統一の推進体制にはこれらの部門からもメンバーが参画しているが，統一勘定科目体系の検討メンバー以外の各部門の管理者やスタッフに対しても，新たなグループ業績管理・管理会計の内容とともに，グループ業績や管理セグメント別連結業績，子会社間比較のための各社単体業績などの会計情報がどのような勘定科目体系で把握できるようになるのかを説明する。業績管理制度の見直しにより主要業績指標（KPI）が変わるような場合は，その計算方法を含めて解説することが必要となる。実績だけでなく，予算管理や見込管理も変わる場合は，その内容と予算編成や見込作成の勘定科目についても説明することになろう。さらに，これらの業務の切替タイミングや，切替えに伴い必要となるシステム稼働に向けたマスター整備等の業務対応についても説明することになる。

また，上記の会計情報のユーザー部門だけでなく，会計情報の作成を担う親会社の経理部部門の管理者やスタッフにも説明が必要となる。経理部門への説明はこれまでの単体勘定科目と統一勘定科目の変更点や業務上の変更点を中心に説明することになる。管理会計上の振替仕訳等も経理部門で記帳するような場合は，その内容を説明することになる。こうした管理会計仕訳の起票を，経理部門ではなく，経営企画・経営管理部門や事業部門が実施する場合は，当該部門の説明の中で記帳業務の変更点について説明が必要となる。ユーザー部門の場合と同様に業務の切替タイミングや切替えに伴い必要となるシステム稼働に向けた業務・システム対応についての説明も必要である。

親会社だけではなく，勘定科目の統一対象となる子会社に対しても説明を行う。統一対象となる子会社数が多い場合，各社への訪問説明を行うには多大な時間と工数がかかるため，対象会社をいくつかにグルーピングし，各社の管理者を集めた集合研修の形式で実施することが多い。その場合，各子会社の経営企画・経営管理部門や経理部門の管理者層に対して，新たなグループ業績管理の目的，統一勘定科目体系の内容，各社の親会社への実績・予算・見込の業績報告内容やタイミングの変更点を説明し，各子会社の当該部門のスタッフや他の部門への教育は，各社側に教育対応を委ねる。各子会社側では，親会社からの説明を受け，自社の業績管理上の変更点や財務経理上の変更点などを検討し，自社内の関係者に説明することが求められる。

(b)　財務経理業務効率化の取組みにおける教育

財務経理業務の効率化のために各社の財務経理業務を標準化する取組みにおける教育は，統一対象会社の経理部門に対して実施することになる。この場合も対象となる会社が多い場合は，(a)と同様に集合研修形式で実施することが多い。この場合，各社の会計システムを標準会計システムに刷新することが必須となるため，教育内容としては，業務標準化の目的，新システムを利用しての標準業務プロセスや業務手順，そこで利用する統一勘定科目体系の説明が中心となる。また，新業務への切替タイミングや切替えに伴い必要となるシステム稼働に向けた業務・システム対応についての説明が必要な点は(a)の場合と同じである。

第3節　システム導入プロジェクトとの連携

勘定科目の統一は，グループの財務経理業務の効率化などを目的とした，グループ標準会計システムを導入する際に検討するケースが多くある。このような場合，統一勘定科目体系の検討はシステム導入プロジェクトの1つのタスクとして検討することになる。

システム導入プロジェクトは一般に「基本構想策定 → システム化計画 → 要件定義 → 設計・開発 → テスト → 教育 → 稼働準備」というステップで実施される。システム導入プロジェクトの各ステップにおける勘定科目統一の進め方のポイントは，図表5-14のようになる。以下，標準会計システム導入プロジェクトの各ステップにおける勘定科目統一の検討ポイントを説明する。

(1)　システム導入プロジェクトのステップと勘定科目統一の関係

①　基本構想策定

「基本構想策定」は，通常システム構築を経営レベルで可否判断するために実施し，標準会計システムの構築の目的，大まかな機能と実現手段，目標とスケジュールや概算費用，システム化計画フェーズの検討体制などを明らかにする。一般的な進め方は，152頁の図表5-15のような手順となる。

このフェーズでは，現状のグループ経営管理や財務経理業務，および現行会計システムの問題点を整理したうえで，システム構築の目的を明確化し，解決すべき課題を洗い出す。この中で，勘定科目統一も対応すべき課題の1つとして挙げられ，勘定科目統一の目的を明確化する。また，この段階においてシステム導入の対象会社も大枠で検討することになる。

基本構想策定フェーズでは，こうしたシステム構築の目的や業務・システム上の解決すべき課題とその対応方針を基本構想書として整理し，次の検討段階である「システム化計画」のインプットとする。

【図表５-14】システム導入プロジェクトと勘定科目統一の進め方の関係

	システム導入プロジェクト	勘定科目統一の進め方
基本構想策定	システム構築の目的，機能・実現手段の概要，目標，スケジュール，概算費用，次ステップ以降の検討体制を明らかにする。	勘定科目は対応すべき課題の１つとして挙げられ，勘定科目統一の目的を明確化する。
システム化計画	基本構想に基づきシステム化の内容を具体化し，ベンダー・パッケージを選定する。	各社の現状の勘定科目体系を把握し，統一勘定科目体系の概要を整理する。
要件定義	新システムの業務要件，システム機能要件を詳細化する。	統一勘定科目の原案を策定し，各社への適合性調査の結果を踏まえて統一勘定科目体系を決定する。
設計・開発	要件定義で決定した要件に基づき，システムの設計・開発を行い，新システムを構築する。	勘定科目定義書，勘定科目メンテナンスに関する業務フロー，マニュアルなどのドキュメントを作成する。
テスト	ユーザー側での受入検証のためのテストを実施する。この段階でデータ移行のリハーサルも行う。	ユーザーの意見を踏まえて統一勘定科目体系や関連するドキュメントの修正対応を実施する。
教育	新システム導入の目的や新システム導入後の業務の変更点，稼働に向けた準備作業などを導入対象会社に説明する。	勘定科目統一の目的や，統一勘定科目体系の内容，新業務の内容や移行のタイミング，本稼働前の準備作業を説明する。
稼働準備	移行データの作成やマスターの設定を実施し，稼働に向けた準備を行う。	各社で新業務開始に向けた勘定科目マスターや関連マスター情報の登録・修正を行う。

【図表5-15】基本構想策定フェーズ

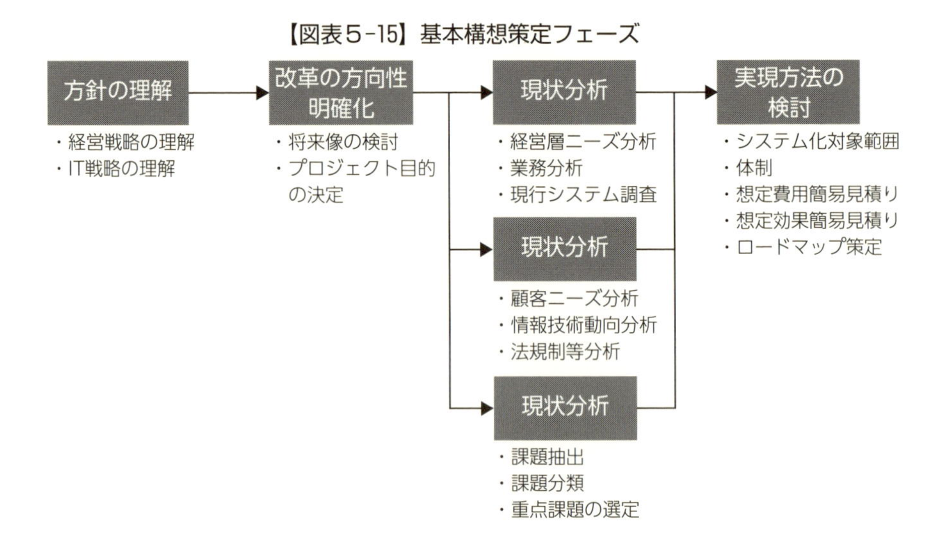

② システム化計画

「システム化計画」は，システム構築の是非を経営レベルで最終決定し，開発ベンダー・パッケージを選定する段階である。

基本構想フェーズで整理した基本構想書に基づき，課題を詳細化し，実現する標準業務，構築するシステム機能，システム導入対象会社，展開スケジュール，検討体制，システム化予算などを具体化し，システム化計画書としてまとめる。この段階でシステム構築を委託するシステムベンダーやパッケージソフトの候補についても選定し，対象となるベンダーに対して提出するRFP（提案依頼書）を作成し，ベンダー各社に提案を依頼する。さらに各社の提案結果に基づき，システム構築を委託するベンダーとパッケージソフトを決定する。

システム化計画フェーズでは，早い段階で統一勘定科目体系の概要について整理しておくことが重要である。ベンダー各社に送付するRFPには，勘定科目マスターに具備すべき属性項目（第4章を参照）や勘定科目コードの桁数に関する要求事項を明記することがポイントであり，そのために遅くともRFPの送付までに統一勘定科目の階層や勘定科目マスターの重要な要求事項を洗い出せるようにしておく必要がある。

具体的な統一勘定科目体系の原案検討はこの後の要件定義フェーズで実施することになるが，この段階においてシステム構築対象候補となる各社の現状勘定科目体系やシステム構成などの基礎情報は把握するようにしておきたい。システム化計画フェーズにおける現状調査で各社への調査を通常は実施するが，その中で統一勘定科目原案の検討のために必要となる情報も調査しておくことが重要である。

③　要件定義

システム構築のベンダー・パッケージ選定が終わると，次は要件定義フェーズに移行する。この段階では，システム化計画に基づき，業務要件，およびシステム機能要件を詳細に検討する。また，選定したパッケージソフトの標準機能で対応できない場合のアドオン開発の要否等もこの段階で決定することになる。

勘定科目の統一の検討においては，統一勘定科目体系の原案を策定し，各社への適合性調査を実施する。要件定義フェーズの間に適合性調査の結果を踏まえて統一勘定科目体系を決定することが望ましいが，最終化には至らないまでも根本的な修正がないように統一勘定科目体系の階層数や勘定科目コードの設定方法などについてはこの段階で決定しておくことが必要となる。

要件定義フェーズは通常，ユーザーとベンダーが協働で推進することになるが，ユーザー企業側で検討した統一勘定科目体系の原案はベンダーと共有し，システム要件に反映する。この段階で，システムの標準機能で対応ができない事項が判明した場合，システム機能の追加開発で対応するのか，業務運用で対応するかを決定することになる。例えば，会計システムに予算を登録する際に，標準機能では末端勘定科目での入力が必要となるが，予算は末端勘定科目より粗い科目で作成しているような場合があったとしよう。この場合，予算科目粒度での予算入力画面や予算管理帳票を追加開発するか，会計システムに予算を取り込まずに予算管理はシステム外で行う業務運用とするか，などの判断が必要となる。要件定義フェーズで追加開発が多数発生すると当初のシステム構築予算を大幅に超える可能性があるため，標準業務を実現するために必要となるシステム機能はできる限りシステム化計画の段階で洗い出し，パッケージ選定時の評価項目に盛り込んでおくことが望ましい。

④ 設計・開発

設計・開発フェーズは，ベンダー側の開発期間であり，ユーザー企業はベンダーが作成する仕様書を確認し，追加開発要件が設計に具備されているかを確認する。

勘定科目統一については，ベンダーの設計・開発期間中に統一勘定科目体系や勘定科目コードを設定し，システムに実装するとともに勘定科目定義書や勘定科目メンテナンスに関する業務フローや業務手順書などの関連ドキュメントも作成する。

システム開発終了後，本稼働までに残高移行を行うが，通常，移行作業の前に移行リハーサルを実施する。移行リハーサルは，本稼働前の移行において不測の事態が生じないかを事前に確認するための工程であり，その際に勘定科目マスターの設定も必要となる。最終的には本稼働前までにマスター登録が終われば問題はないものの，移行リハーサルも本番同様の条件で実施できるよう，それまでに統一勘定科目の最終化が行われていることが望ましい。

⑤ テスト

「テスト」は，新システムを利用したマスター設定や標準業務をテスト計画に基づいてユーザー側で実施し，要件どおりにシステム構築がなされているかをユーザー側で確認する工程である。テスト対象となる会社・ユーザーを選定し，新業務手順をもとにしたテストケースを実施する。

この段階ではユーザー側で勘定科目定義書や業務マニュアル等を利用し，テスト対象者から業務手順やシステム機能，業務に使用するマニュアル類の不備についての意見や疑問点などを確認する。ここでユーザー側からフィードバックを得た結果に基づき，統一勘定科目体系や関連するドキュメントの修正対応を実施する。

⑥ 教　育

「教育」は，新システムで処理される会計情報の利用者である管理者や，新システムを操作し業務を実施するスタッフに対して，本稼働後の業務対応と本稼働に向けた準備などを周知する工程である。すでに第２節で説明したように教育計画を作成し，その計画に基づいて教育を実施する。教育段階で多くの対象者から寄せられた質問等はFAQ（頻出する質問・回答集）として取りまとめておき，この後の稼働準備や本稼働後の業務が円滑に実施できるように対応しておくことが求められる。

⑦ 稼働準備

「稼働準備」は，新システムの稼働に伴う準備作業を行う工程である。すでにこの段階までにテストで使用したマスター情報が登録されているが，各社で最終確認を行い，不備があれば修正する。新年度から稼働開始するような場合は，新年度から使用する配賦基準などの情報を登録することも必要となる。この段階で漏れなく円滑な対応ができるよう，教育段階で各社の実施事項を説明しておくことが求められる。

第４節　親会社収集科目への変換で対応する場合のポイント

第１節から第３節ではグループ各社の勘定科目を統一する際の推進体制，および進め方のポイントを説明したが，ここでは各社の勘定科目体系は変えずに親会社収集科目への変換により対応する場合の推進体制，進め方のポイントについて説明する。

(1)　推進体制

親会社収集科目へ変換する方法の場合は，グループ各社の勘定科目体系を変更しないので，収集科目の原案策定は親会社で取組みを進めることになる。第１節で説明した２つのタイプでいえば「トップダウン型」を採用することになる。親会社の参画部門は，勘定科目統一の場合と同様に財務経理部門が中心になり，経営管理部門や事業部門など業績管理の高度化や財務経理業務の効率化などの目的を達成するために関連する部門が参画することが必須となる。

親会社収集科目が策定できたら，グループ各社に協力を依頼することとなる。グループ各社においては，適用段階で個社勘定科目と親会社収集科目のマッピング表を作成する必要があり，さらに個社の会計システムから会計データの自動連携を行う場合にはデータ抽出・変換機能の実装が必要となる。システムでの自動連携をしない場合には，適用後，マッピング表を使ったスプレッドシートによる変換作業が必要となる。

(2)　進め方のポイント

親会社収集科目への変換で対応する場合であっても，基本的な進め方は勘定科目統一と同じであり，①方針の策定，②収集科目の策定，③業務・システムの整備，④各社への展開・教育のステップで進めることになる。

①　方針の策定

親会社収集科目への変換で対応する場合でも，勘定科目統一と同様，グループ業績管理の高度化や子会社会計データによる不正モニタリングなど，まず収集する目的を明確にすることが重要である。なお，原則としてグループ会社側の勘定科目には変更を加えない方法のため，グループの財務経理業務の標準化や個社の経営管理業務のレベル向上など，グループ会社側の業務に焦点を当てた目的には対応しない。

また，目的に照らして，収集する対象会社，会計データの範囲と収集の頻度などを決定する必要がある。例えば，特定事業に属する子会社間の業績比較のために，対象子会社の会計情報のみ収集する場合や，販売会社のみ，製造会社のみなど，特定の機能の会社の会計情報のみをする場合がある。また，収集するデータについても，月次でP/L情報のみ収集する，四半期でP/LとB/S情報を収集する，勘定科目別の残高だけではなく，仕訳明細も収集するなど，さまざまなパターンが想定される。各社の勘定科目を統一するわけではなく，各社が保持する会計情報を親会社で必要な情報に集約して収集するため，柔軟な対応が可能となる。

②　収集科目の策定

このステップでは，親会社が収集する科目を決定する。

まず親会社側での目的に応じて必要となる親会社収集科目体系の原案を作成し，その後各社に親会社収集科目と個社勘定科目のマッピング可否を確認し，最終化する。

マッピング可否の確認では，親会社収集科目と個社勘定科目の対応関係が１対Nになるかを確認する。１対Nとなっていない（N対１，N対M）場合は，第４章で統一対象会社以外の個社のマッピング対応で説明したのと同様に「①親会社収集科目と個社科目の粒度を合わせる」，「②マッピングの際にいずれかの科目に寄せる」，「③一定の基準で按分する」という対応策がある。原則としては各社側の科目を細分化して親会社収集科目と合わせることが望ましいが，管理上や業務上の制約によりそのような対応がとれない場合は，代替策をとることになる。いずれかの科目に片寄せするか按分するかは，その科目の金額的な重要性などから判断することになるが，按分する場合は各社側でのシステム改修や第４章で説明したETLを利用した自動連携などのシステム対応を検討する必要がある。

最終的に各社が親会社収集科目と個社勘定科目をマッピングすることが必要となるため，適切なマッピングが各社で実施できるよう親会社収集科目についても勘定科目定義書を作成することが必要となる。

③　業務・システムの整備

親会社側での情報収集目的により必要となるシステム対応は異なるが，第４章で説明した連結会計システム，DWH・BI，ETL，経営管理システムなどのシステム構築が必要である。データ連携のために一部改修する可能性はあるが，基本的に各社の会計システムや前方システムの構築は行わない。

連結会計システム，DWH・BI，経営管理システムは，連結業績の要否，多軸の管理連結情報が必要性などにより，必要となるシステム対応は異なる。親会社側での業績管理プロセス（管理セグメントや管理項目，KPIなど，必要となる会計情報とその把握タイミング，業績管理の業務手順，必要となる帳票など）を検討し，業務要件に適合するシステムを構築することが必要となる。

ただし，いずれのシステム対応を採用する場合においても，各社会計システムや前方会計システムとのデータ連携上，業務効率やデータ品質の観点からETLは必須となる。ETLを利用した自動連携がなされない場合，各社側でDWH・BI等へのハンドでの按分計算や親会社収集科目へのデータ変換作業，システムへの入力作業が必要となり，各社で多大な業務負担が発生する。また，ハンドでの変換作業はミスにつながりやすく，会計情報の品質面でも問題がある。

ETLを利用する場合においても問題はある。各社の勘定科目は個社単体の管理ニーズや各国の制度会計上の要請などにより，追加や削除，修正が行われる。そのような場合，第４章で説明したように子会社側で適切なマッピング変更対応を実施しなければ，データの欠落が発生する可能性がある。これは管理セグメントのマッピングについても同じことがいえる。管理セグメントにマッピングする事業や，取引先，品目などの情報の追加・削除・修正がある場合は，マッピングの修正対応が必要となる。DWHや経営管理システムなどのデータの受け手側でのエラーチェック機能を具備するのはもちろんのこと，子会社側でのマッピング変更時の業務手順チェックリストなどを整理し，各社側で適切な対応が実施できるように準備しておくことが必要となる。

また，親会社側でも同様に業績管理上の要請により，親会社収集科目や管理セグメントが変更になる場合がある。このような場合は，変更内容と切替タイミングを各社に通知し，各社側で個社の勘定科目や管理セグメントに関連する情報の追加・削除・修正の場合と同様に，チェックリストに基づき勘定科目や管理セグメントのマッピングを修正することが求められる。

④　各社への展開・教育

親会社収集科目へのマッピング対応の場合も収集対象となる各社への教育は必要となる。この場合も勘定科目の統一の場合と同様に教育実施前に教育計画を作成し，対象者ごとの教育方法，教育内容，スケジュールをあらかじめ検討する。

教育実施時には，各社から会計情報を収集する目的，収集する情報とそのタイミング，各社側で必要となる業務・システム対応，業務切替えのタイミング，システムテストや本稼働に向けたマッピングテーブルの作成依頼とその方法，対応スケジュール，本稼働後のマッピング変更業務手順，などについて説明する。

基本的にはETLを利用した自動連携にすべきと③で説明したが，小規模な会社などではハンド入力作業を実施することも想定される。そのような場合は，入力作業のユーザーテストも必要となるため，テスト実施前の段階で教育を実施することが望ましい。

Column ⑤

関係者の要望をまとめるために求められる能力

勘定科目統一は親会社の経理部門だけで検討するものではなく，親会社の会計情報の利用部門や主要な子会社などさまざまな関係者を巻き込んで検討することが求められる。関係者それぞれの異なる要望をうまくまとめ，検討をリードする役割が期待される経理部門には，「リーダーシップ」と「交渉力」が求められる。

「リーダーシップ」の定義はさまざまであるが，O.ティードによると「目標の達成に向かってメンバーが互いに協力するように，メンバーの気持ちを動かす行為」とされている。“気持ちを動かす”ためには目的の共有が非常に重要となる。目的に納得感がなければ，表面的な協力しか引き出せない。納得感がないまま統一を進めると，双方の要求を主張し合うことになり，統一勘定科目体系が決まらない，もしくは決まったとしてもその後各社が勝手に科目を追加し，統一勘定科目体系を維持できない，などの問題が発生する可能性がある。

また，「交渉力」とは，「互いの立場，価値観，文化，利害の違いを理解し，対話により解決策を見つける力」のことである。交渉は相手を打ち負かすことでもなく，妥協することでもない。交渉を成功させ，関係者が納得した結論を得るためには，「立場」ではなく，「問題・利害」にフォーカスし，多くの選択肢・可能性を検討し，客観的で公平な基準で結論を出すことが求められる。勘定科目統一の検討をリードする経理部門は各関係者の問題認識や利害を理解したうえで，選択肢と基準を明確にして統一を進めることが大切である。

リーダーとなる経理部門には会計基準や開示制度など，勘定科目とその統一に関する知識（ハードスキル）が求められるのはもちろんである。しかし，チームとしてメンバーが納得できる結論をまとめ上げるためには，リーダーシップや交渉力などの人間力（ソフトスキル）も磨くことが求められる。

第6章

勘定科目統一のケーススタディ

◆本章のポイント◆

- 本章では，実際に勘定科目統一を進めた４つの事例を紹介し，勘定科目統一の背景と取組みの進め方を説明する。
- A社は，グループ会社間の業績比較の適正化，グループ各社の財務経理業務の効率化を目的として，主要事業の標準システムの利用会社を対象に，勘定科目を統一した。地域や個社の要望を取り入れた統一勘定科目体系を整備した。
- B社は，連結業績管理の高度化とグループ各社の財務経理業務の効率化を目的とした「グループ情報システム構築プロジェクト」において，勘定科目を統一した。管理会計制度の見直し，および財務経理業務の標準化に伴い，統一勘定科目体系を制度会計・管理会計，実績・予算の観点から検討した。
- C社は，グループ経営基盤の強化を目的としたIFRS導入プロジェクトにおいて，会計方針のみならず勘定科目体系も日本基準からIFRSへと見直し，親会社および主要な国内子会社を中心に勘定科目を統一した。勘定科目統一により財務経理基盤が整備され，M&A後の被買収企業をグループ経営管理に組み込むPMIにおいても効果が得られた事例である。
- D社は，シェアードサービスセンター設立によるグループ財務経理業務の効率化，および経理人材のグループ内活用促進を目的として，業務の標準化と共通会計システムの導入の中で勘定科目の統一を行った。事業ごとのニーズを反映した事業共通科目を設定できるように統一勘定科目体系を策定した。
- A社～D社の統一範囲と統一勘定科目体系の特徴は以下のとおりである。

		A　社	B　社	C　社	D　社
統一範囲	対象会社	一部会社	一部会社	一部会社	一部会社
	科目階層	末端科目まで	末端科目まで	末端科目まで（一部会社は中間階層まで）	末端科目まで
統一勘定科目体系の特徴		グローバル共通科目に加えて，各社の要望を踏まえて，親会社の承認のもと，地域共通科目，個社固有科目を設定。	管理会計要件を踏まえた統一勘定科目体系を設定。個社要望は補助科目で設定。	国内の主要子会社は末端科目まで統一（米国子会社は中間階層までの統一）。	グループ共通科目と事業傘下子会社のニーズを反映した事業共通科目を設定。

事例1 大手製造業A社における勘定科目統一

(1) 会社の概要

A社はグローバルに100社以上のグループ会社を持つ製造業である。A社グループは連結売上高の約9割を占める主要事業（以下，甲事業）を中心に，3つの事業（甲事業，乙事業，丙事業）を展開している。親会社は甲事業の事業会社であり，管掌下に事業子会社や製造，販売などの機能子会社が置かれている。また，甲事業以外の2つの事業は，各事業の中核事業会社とその管掌下にある事業子会社・機能子会社により展開されている。

【図表6-1】A社の概要

業　種	製造業
売上規模	1兆円以上
グループ会社数	100社以上
事業の数	3事業

(2) 勘定科目統一の目的

A社グループでは，甲事業に関連する親会社を含む主要なグループ会社の基幹システムをグループ標準システムに統一していたが，勘定科目マスターは各社の管理ニーズや地域の商慣習，各国の制度対応などに応じて自由に設定しており，各社の勘定科目体系はバラバラとなっていた。そのため，親会社側で会社間の業績比較分析が行いづらい状況にあった。

また，親会社をはじめとして各社では業績管理のための属性情報（事業区分，国内／海外区分，輸出／輸入区分，売上高のグループ内外区分，広告宣伝費における宣伝媒体などの費用に関する用途情報）を勘定科目に含めて表現していた。そのため，同様の属性情報を別途伝票項目として入力しているにもかかわらず，入力した属性情報と整合する勘定科目を都度選択する必要があり，業務が非効率になっていた。

さらに，子会社各社の勘定科目体系の集計科目は親会社に報告する連結勘定科目と１対１対応していないため，各社が報告の際に個社の勘定科目から連結勘定科目に組み替えて報告しており，組替内容の適正性の確認など，各社決算作業が非効率になっているという問題点もあった。

こうした背景のもと，A社では「グループ会社間の業績比較の適正化」と「財務経理業務の効率化」を目的としたグループ各社の勘定科目体系統一プロジェクトを発足させた（図表6-2）。

【図表6-2】勘定科目統一の背景と取組み

背　景	・各社勘定科目の非統一による，親会社での会社間業績比較の阻害 ・勘定科目に保持している属性情報を伝票入力時に重複入力することによる非効率な財務経理業務 ・連結勘定科目と単体勘定科目が１対１対応していないことによる，非効率な親会社報告業務
取組み	・グループ勘定科目統一プロジェクトを発足し，「グループ会社間の業績比較の適正化」と「財務経理業務の効率化」を図る取組みを開始した。

(3)　勘定科目統一のポイント

①　対象会社の範囲

A社では勘定科目統一の効果を早期に実現するために，統一対象とする会社を絞り込んで検討を進めることとした。連結売上高の９割を占める主要事業である甲事業に関わる連結会社数が全連結子会社数の８割を占めていたこともあり，甲事業に関わるグループ会社を統一対象とすることとした。また，甲事業の連結子会社の中でも規模の大きい主要子会社はグループ標準システムを利用しており，勘定科目統一のために新たにシステム基盤を整備する必要がなかったため，さらに対象会社を絞り込み，「甲事業に関わる会社」で，かつ「グープ標準システムを利用している会社」を統一対象会社とした（図表6-3）。

なお，上記の対象会社以外の子会社は，将来的に会計システムの入替えのタイミングで順次，勘定科目統一の要否を検討していくことにしており，プロジェクト発足段階から現状調査を含めて対象外とした。したがって，当該プロジェクトで検討した統一勘定科目体系は親会社で事業を行っていない乙事業や丙事業の要件は含まれておらず，甲事業の要件のみを反映して策定している。

【図表6-3】統一対象会社の絞込み

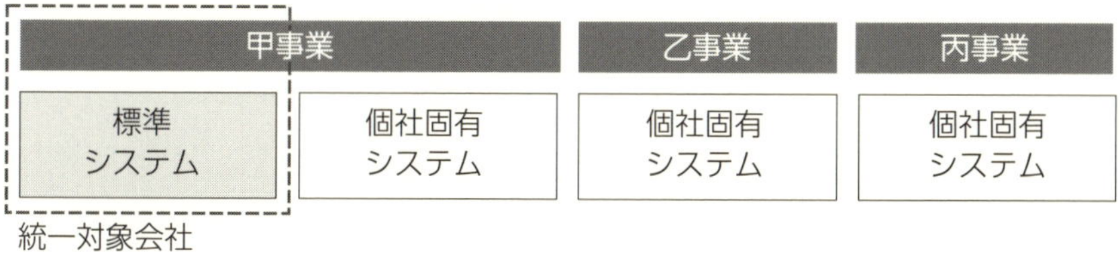

甲事業
標準システム
個社固有システム
乙事業
個社固有システム
丙事業
個社固有システム
統一対象会社

②　グループ統一勘定科目体系の特徴

(a)　地域共通科目・個社固有科目の設定

A社では，①で説明したように対象会社を絞り込んで勘定科目の統一を検討したものの，統一対象となった会社は北米，欧州，アジアなど世界各国に拠点を構えており，また販売会社や製造会社など会社ごとに役割・機能も異なっていた。そのため，各社のローカル基準での開示対応や税務対応，各社ごとの機能の違いによる管理ニーズの違いなどからグローバルで共通した勘定科目体系に統一することは難しい状況であった。

そこで，グローバルで統一する勘定科目が適用できない特殊な事情がある場合に限り，親会社であるA社の承認のもと地域共通科目や個社固有科目の使用を許容することとした。地域共通科目とは，該当する地域にある複数の会社が共通して使用する科目である。また，個社固有科目とは，地域のどの会社でも利用するわけではなく，特定の会社のみが共通して使用する科目である。個社固有という名称がついているが，「個社が自由に設定できる」という意味ではなく，上述のように親会社の承認のもと設定される科目であり，統一科目の一種としている。

ただし，地域共通科目や個社固有科目を利用することを許容した場合でも，それらの科目の集計科目は，親会社に報告する連結勘定科目と整合させるようにしている（**図表6-4**）。

【図表6-4】統一勘定科目体系イメージ

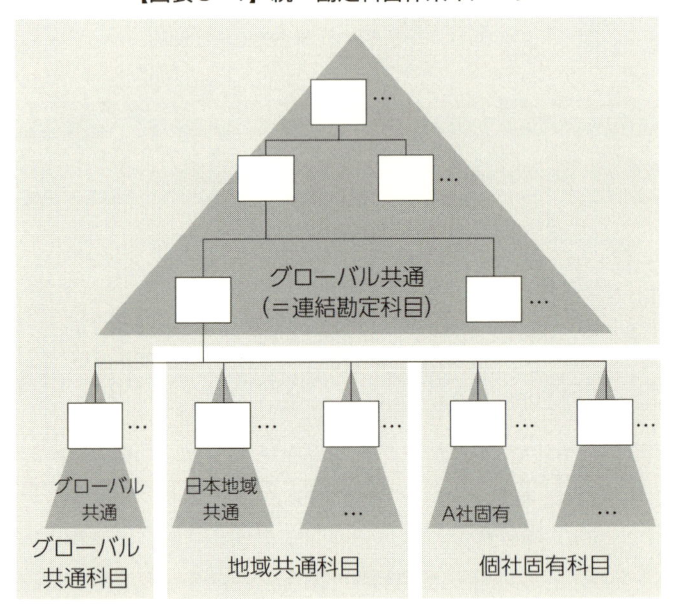

統一勘定科目体系の中で地域共通科目や個社固有科目を設定するために，A社では統一勘定科目コードの一部に「地域コード」を置き，グローバル共通科目と地域共通科目，個社固有科目を区分できるようにし，各社が使用する科目を判別しやすくしている。

図表6-5にあるように，統一勘定科目コードを10桁で設定し，その中で連結勘定科目コード（５桁），地域コード（２桁），科目明細コード（３桁）に分けて設定している。地域コードは，グローバル共通科目であれば「00」，日本

【図表6-5】A社のグループ統一勘定科目コード

グループ統一勘定科目コード：10桁

連結勘定科目：5桁 ＋ 地域コード：2桁 ＋ 科目明細コード：3桁

地域コードで
・グローバル共通科目（00）
・地域共通科目（10，20，30，…）
・個社固有科目（11～19，21～29，…）
を区分

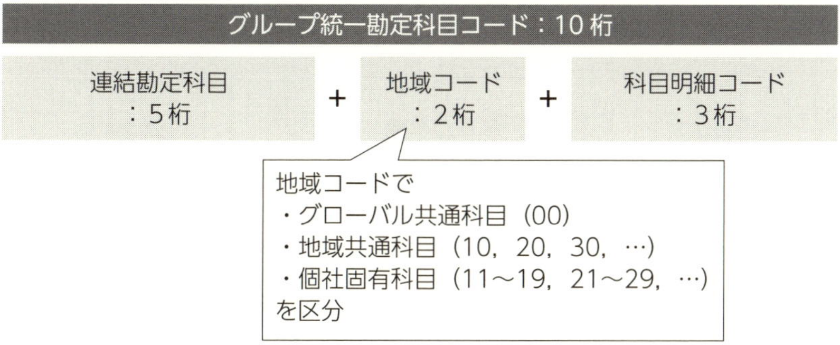

地域の共通科目であれば「10」，北米地域で共通の科目であれば「20」，個社固有科目であれば地域別・会社別に「11～19，21～29，……」などのように，当該科目の位置付けにより区分して設定することにしている。なお，末端の3桁（8～10桁目）は科目明細コードとして，連結勘定科目の科目内訳を設定するコードとしている。

より理解しやすいよう例を示して説明する（**図表6-6**）。例えば連結勘定科目が「61000　旅費交通費」であり，グローバル共通科目は連結勘定科目と同じ「旅費交通費」であるが，親会社を含む日本地域ではより詳細な分析を行うため，「国内出張旅費」と「海外出張旅費」と「その他旅費交通費」に分けて管理したいとニーズがあったとしよう。その場合，グローバル共通科目は，地域コードに「00」をつけて，「6100000001　旅費交通費」とし，日本地域の統一対象会社が適用する日本地域共通科目は，地域コードに「10」をつけて「6100010001　国内出張旅費」，「6100010002　海外出張旅費」，「6100010999　その他旅費交通費」のように設定するのである（「その他旅費交通費」については，将来的に旅費交通費の明細科目が追加されることを想定し，追加した科目のコードを連番で採番できるよう科目明細コードを999としている）。なお，すでに説明したように上位5桁は連結勘定科目と同じコードを採番している。そのうえで，グローバル共通科目で集計科目「6100000000　旅費交通費」（＝「6100000001　旅費交通費」＋「6100010001　国内出張旅費」＋「6100010002

【図表6-6】地域コードの設定例

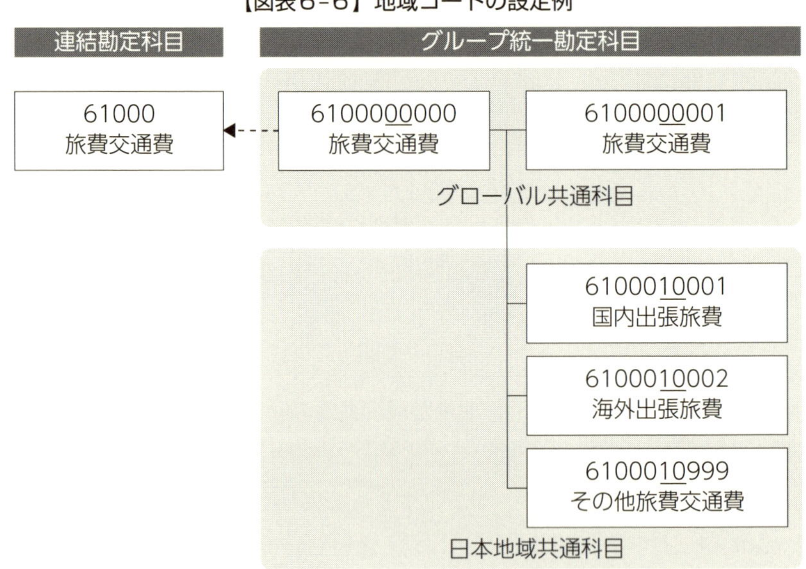

海外出張旅費」+「6100010999　その他旅費交通費」）を設定することにより，集計科目と連結勘定科目が1対1対応するようにし，親会社への報告時に勘定科目の組替えが不要となるように対応している。地域共通科目で集計科目は設定しないため，例えば日本地域の旅費交通費を合計する場合は，日本地域に所属する各社のグローバル共通科目の合計をレポート上で集計する必要がある。

(b)　原価科目明細の統一

A社では勘定科目の設定を各社の判断に委ねていたため，製造会社の原価科目の粒度が会社ごとにまちまちで原価管理の標準化の阻害要因になっていた。そこでグループ全体の原価管理を標準化し，親会社からモニタリングできるようにして，さらなるコストダウンを実現するために，親会社の原価明細科目をもとに従来各社が設定していた科目より細かな粒度の原価明細科目を設定することとした。

③　勘定科目数の削減

A社では，(2)で説明したように，親会社をはじめとして各社では業績管理のための属性情報（事業区分，国内／海外区分など）を勘定科目に含めて表現していた。そのため，同様の属性情報は別途伝票項目として入力しているにもかかわらず，入力した属性情報と整合する勘定科目を都度選択する必要があったため，業務が煩雑になっており，統一勘定科目の検討の際に勘定科目数の削減することとした。ここではA社で行った勘定科目の削減方法を説明する。

(a)　伝票項目での管理セグメント情報の保持

統一勘定科目体系を検討する際に，業績管理で必要な属性情報を含めて表現していた勘定科目について，必ずしも勘定科目で表現する必要がなく，伝票項目として保持することで帳票作成時に集計できる場合は勘定科目から極力除外

【図表6-7】伝票項目での管理セグメント情報の保持

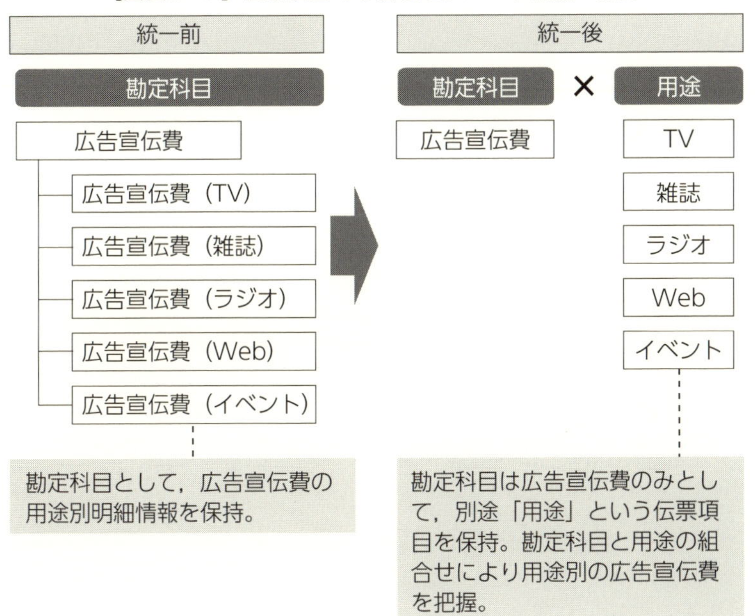

し，勘定科目体系をシンプルにする方針とした。例えば，A社では**図表6-7**のように広告宣伝費の用途別に勘定科目を設定していたが，用途情報は別途「用途」という伝票項目に入力することで，勘定科目を広告宣伝費のみにするなどの対応を実施した。他にも事業区分や国内／海外区分，輸出／輸入区分なども伝票項目として設定し，勘定科目をシンプルに表現するようにしている。

(b) 前方システムでの内訳情報の保持

A社では従来，原価管理システムや資金管理システム，固定資産管理システムなどの前方システムで保持している内訳情報（例えば，原材料種別の材料費内訳，預金口座別の残高情報，固定資産の種類別の残高情報など）を会計システムでも重複して保持していたため，勘定科目数が膨大になっていた。そこで会計システムの前方システムで内訳情報を保持できるような場合には，前方システム側で内訳情報を管理することとして，できる限り勘定科目をシンプルに設定するようにした（**図表6-8**）。

【図表6-8】前方システムでの明細情報の管理

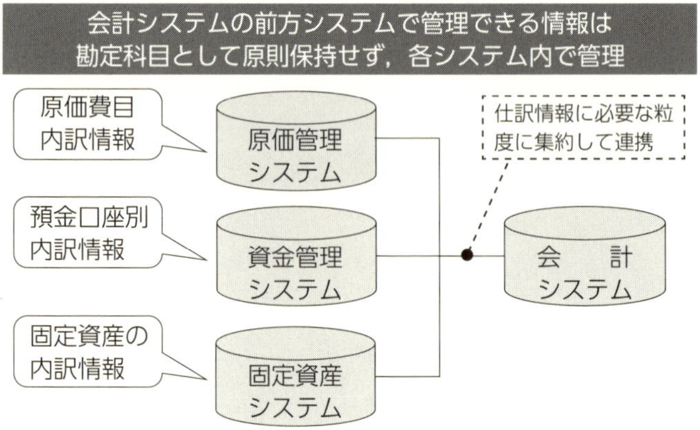

会計システムの前方システムで管理できる情報は
勘定科目として原則保持せず，各システム内で管理

原価費目
内訳情報
原価管理
システム
預金口座別
内訳情報
資金管理
システム
固定資産の
内訳情報
固定資産
システム
仕訳情報に必要な粒
度に集約して連携
会　計
システム

(4)　業務・システムのポイント

①　グループ標準システムの有効利用

A社では検討開始時にグループ標準システムをすでに利用している会社を統一対象とし，勘定科目の統一のために会計システムの改修は行っていない。すでに標準システムがある場合，統一対象会社を標準システム利用会社とすることで，統一実現効果を早期に享受できるようにすることは業務・システム対応の1つのポイントである。

②　システム機能を活用した複数会計基準対応

A社の統一勘定科目体系は日本基準ベースで設定したため，海外子会社では日本基準の勘定科目体系で財務諸表を作成することになった。そのため，各国の税務申告など現地ローカルの勘定科目体系で財務諸表を作成する際に，日本基準ベースの勘定科目体系からローカルの勘定科目体系に組替えが必要となり，組替えとその結果の確認に業務負荷と時間がかかるという課題があった。

しかし，A社で導入している標準システムには帳票作成時の勘定科目の自動組替機能が具備されていたため，その機能を活用して各社側で標準システムにそれぞれ設定した会計基準ごとのマッピングルールに基づいて自動的に日本基準，および現地ローカル基準の財務諸表を出力できるように対応している。海外子会社に新たに会計システムを構築して勘定科目の統一に取り組むような場合は，このような機能があらかじめ保持しているかを確認しておくことが肝要である。

さらに，退職給付費用など同じ勘定科目名称であっても会計基準により異なる残高となる場合，グローバル共通科目とは別にローカル基準用に個社固有科目を設けて，個社固有科目の合計が日本基準の統一勘定科目残高となるように統一勘定科目体系を階層化している。

具体的には次頁の**図表6-9**で示すように，子会社は，個社固有科目の退職給付費用の科目にローカル基準で記帳したうえで，基準調整用勘定科目にローカル基準と日本基準の差額を調整仕訳として入力している。親会社へ報告する日本基準財務諸表はローカル基準で計上した退職給付費用と基準調整用勘定の合計であるグローバル共通科目の退職給付費用で，またローカル基準の財務諸表は，個社固有科目の退職給付費用の残高で出力されるようにシステム上でマッピングルールを設定し，２つの会計基準の財務諸表が自動的に出力されるようにしている。

【図表6-9】システム機能を活用した複数会計基準対応

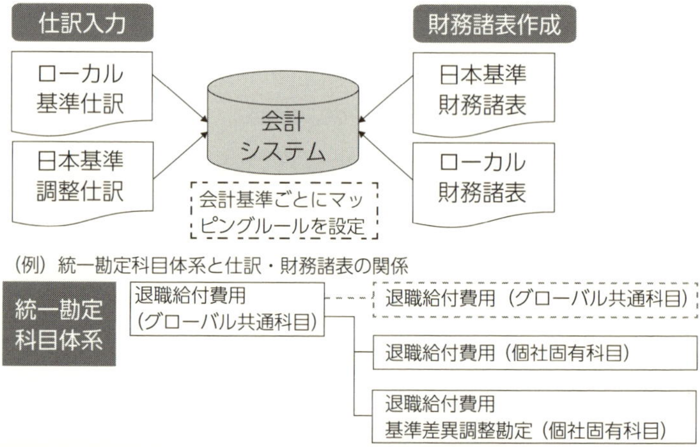

仕訳入力
ローカル基準仕訳
日本基準調整仕訳
会計システム
会計基準ごとにマッピングルールを設定
財務諸表作成
日本基準財務諸表
ローカル財務諸表

（例）統一勘定科目体系と仕訳・財務諸表の関係

統一勘定科目体系
退職給付費用（グローバル共通科目）
退職給付費用（グローバル共通科目）
退職給付費用（個社固有科目）
退職給付費用 基準差異調整勘定（個社固有科目）

統一勘定科目	仕訳		財務諸表	
	ローカル基準仕訳	日本基準調整仕訳	日本基準	ローカル
退職給付費用（個社固有科目）	100			100
退職給付費用基準差異調整用勘定（個社固有科目）		△20	80	

(5) 推進上のポイント

① 主要子会社の巻込み

第５章で推進体制として「トップダウン型」と「調整型」の２つの方法があ

ると説明した。当初，主要な子会社を巻き込んだ「調整型」での推進を提案したが，子会社が世界中に展開していることもあり，子会社を交えて検討することで検討スピードが低下することを懸念し，A社では「トップダウン型」を採用することになった。統一勘定科目の原案をまず親会社中心で検討したうえで，各子会社に親会社が決めた統一科目の原案に対する意見を確認することにしたのであるが，ある海外地域の主要会社から単体の予算管理や原価管理で利用したい科目が含まれていない点について反発を受けた。また，親会社であるA社が製造会社であり，親会社側で決めた統一勘定科目体系の原案は原価関連の勘定科目は詳細である一方，販売費については極力シンプルな科目設定となった点で，海外販売会社から現在個社で利用している販売費の明細勘定科目の設定要望が多数寄せられた。

前者の対応については，当初はグローバル統一科目を利用するよう要請していたが，最終的には子会社側の要望を受けて，一部の科目を地域共通科目として設定することを許容した。また，後者については多数の会社から異なる要望を受けたため，各社からの要望を一元化したうえで各社に共有し，意見の相違がある場合は極力個社間で調整を行うよう依頼し，調整結果を親会社で確認し，最終決定することとした。基本的には各社間の調整に委ねることとしているが，意見がまとまらない場合のみ親会社側の統一勘定科目の検討チームが調整を行うようにした。

いずれの場合も，原案策定段階において主要な子会社を関与させ，各社が所在する地域・国の商慣習やビジネスモデル，各社の単体管理の要望を踏まえて検討することにより，事後の調整負担を削減した。

②　地域共通科目・個社固有科目の設定ルールの明確化

A社では統一勘定科目体系の中で，地域共通科目や個社固有科目を設定したが，むやみにそれらの勘定科目が増えないように，科目を追加する際の承認ルールを定め，各社が勝手に勘定科目を追加できないようにした。具体的には次頁の図表6-10のように，グローバル共通科目を利用することで業務に大きな支障をきたし，かつ勘定科目以外では代替できない場合に限り，親会社の承認のもと地域共通科目や個社固有科目の追加が可能となる運用にしている。

【図表6-10】地域共通科目・個社固有科目の追加ルール

方針	✓原則としてグローバル共通科目を使用する。 ✓例外として，グローバル共通科目を利用することにより業務に大きな支障をきたし，かつ勘定科目で把握する以外に代替的な手段がない場合，親会社の承認のもと地域共通科目，個社固有科目を使用することを許容する。

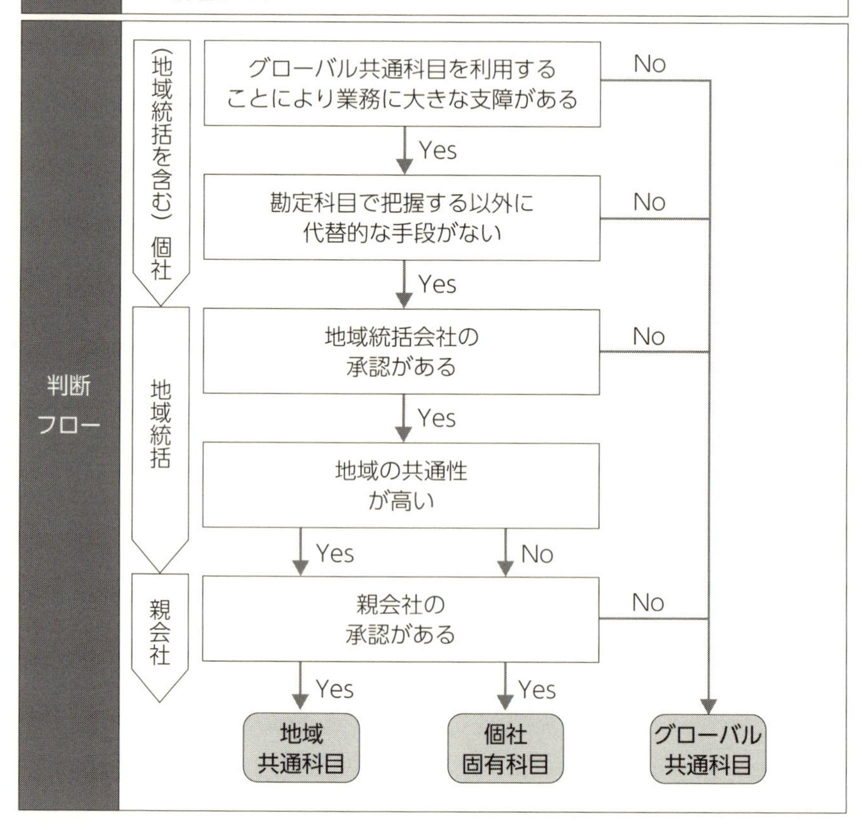

(6) 勘定科目統一の効果

A社では勘定科目統一効果を早期に実現すべく対象会社を絞り込んで推進した。統一の結果，主要な子会社の勘定科目体系が統一され各社の業績比較が容易にできるようになり，また，連結勘定科目と整合し，簡素な勘定科目体系を設定したことにより，各社の経理業務の効率化につながった。A社では，今後統一システムの適用範囲を拡大し，勘定科目統一範囲も拡大することを目指している。

事例2 大手製造業Ｂ社における勘定科目統一

(1) 会社の概要

B社は国内・海外に100社以上のグループ会社を持つ製造業である。B社は大小合わせて４つの事業を営む会社であり，それぞれの事業の傘下に事業会社や販売，製造などの機能子会社を置いてそれぞれの事業ごとに戦略策定・業績管理を実施している。

近年はM&Aを積極的に行い，各事業の成長に積極的に取り組んでいる。

【図表6-11】Ｂ社の概要

業　種	製造業
売上規模	5,000億円以上
グループ会社数	100社以上
事業の数	４事業

(2) 勘定科目統一の目的

B社は「業績管理の高度化」と「財務経理業務の効率化」を目的として勘定科目統一を推進した事例である。

B社ではもともと事業連結P/Lに基づく売上・利益を中心とした業績管理を行っていたが，M&Aを積極的に推進するなか，事業ごとの投資リターンを重視した業績管理を行う必要があるとの課題認識を持つに至った。そこでグループ業績管理高度化の方針を検討し，事業別連結ROIC（＝事業連結利益÷事業資産）を新たなKPI（主要業績評価指標）として設定し，P/Lだけでなく，B/Sを含めた連結業績管理を目指すこととなった。B社では従来，管理連結業績はスプレッドシートを用いて手作業で算定していたが，新管理会計制度に対応するために新たに管理連結システムを導入することになった。

さらに，B社ではグループ会社の財務経理業務の標準化が図られておらず，各社の勘定科目体系も一部の主要会社を除いてバラバラであり，各社各様の業務処理が行われていた。そこで，グループ会社の財務経理業務を標準化し，新管理会計制度，およびグループ標準会計業務に準拠した単体会計システムの導入を検討することとなった。

予算編成業務はすべてスプレッドシートによる手作業になっていた。調整や修正を繰り返す中で，全社的に見て膨大な数のスプレッドシートの作成・管理が必要な状態となっており，予算編成業務の非効率が問題となっていた。そのため，新管理会計制度の導入に合わせて，新たな制度に準拠し，グループ全体で使用できる予算編成システムを導入し，スプレッドシート作業を大幅削減して予算編成業務の効率化を目指すことになった。

このような背景のもと，B社では「グループ業績管理の高度化」と「財務経理業務の効率化」を目的としたグループ情報システム構築プロジェクトを立ち上げ，グループ標準会計システム，予算編成システム，管理連結システムを構築することとなった。その中で，連結（制度・管理）と単体，実績と予算を考慮した統一勘定科目体系を検討することとなった（図表6-12）。

(3)　勘定科目統一のポイント

①　グループ統一勘定科目体系

(a)　勘定科目数の削減

B社では，プロジェクト開始時点において，100社以上のグループ会社のうち主要な10数社は標準会計システムを利用しており，それらの会社は同じ勘定科目体系を使っていた。一方，それ以外の会社の勘定科目体系は異なっていた。ただし，同じ会計システムを利用している会社においても，各社の要望をそのまま受け入れて勘定科目を追加してきた経緯があり，結果として勘定科目の数が膨大になっていた。そのため，各社の経理担当者は仕訳記帳の際に多数の勘定科目から勘定科目の候補を検索し，その中からどれを選択するか都度判断することが求められ，グループ各社の非効率化な財務経理業務の一因となってい

【図表6-12】勘定科目統一の背景と取組み

背　景	・積極的なM&A戦略を背景に，事業ごとの投資リターンを重視したグループ業績管理の導入が課題 ・グループ各社の財務経理業務・システムの標準化ができておらず，業務の効率化が課題
取組み	・グループ業績管理の高度化と財務経理業務の効率化を目的としたグループ情報システム導入プロジェクトを発足 ・新管理会計制度，標準経理業務モデルに適合した単体会計システム，予算編成システム，管理連結システムを導入 ・当該プロジェクトの中で，新管理会計制度，グループ標準経理業務モデルの検討と並行して，統一勘定科目体系を検討

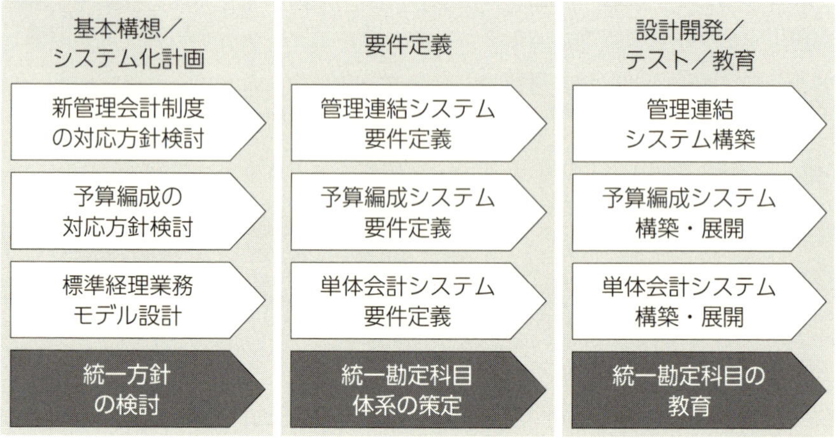

基本構想／システム化計画	要件定義	設計開発／テスト／教育
新管理会計制度の対応方針検討	管理連結システム要件定義	管理連結システム構築
予算編成の対応方針検討	予算編成システム要件定義	予算編成システム構築・展開
標準経理業務モデル設計	単体会計システム要件定義	単体会計システム構築・展開
統一方針の検討	統一勘定科目体系の策定	統一勘定科目の教育

た。そこでB社では財務経理業務の効率化のため，これまで主要会社で利用していた統一勘定科目体系を見直し，勘定科目数の削減を図ることにした。

検討にあたっては，新システム導入対象会社すべての要望を踏まえてゼロベースで統一勘定科目体系を策定すると非効率になるため，従来の統一勘定科目体系をベースに，利用頻度が低い科目の削減や管理上の重要性が低い勘定科目の集約などの対応により勘定科目数を削減した。

(b)　個社固有の要望への対応

B社では財務経理業務の効率化を目的として勘定科目統一を目指したため，

各社で記帳する際に利用される末端の勘定科目まで統一することが不可欠であった。末端の勘定科目レベルになると，各社の事業や機能の違いにより，個社固有の要望が多数存在したが，各社の要望をそのまま取り入れると統一勘定科目の数が増大し，業務効率化のための勘定科目数削減が達成できなくなるおそれがあるため，基本方針として各社固有の要望と判断される場合には勘定科目ではなく，補助科目で対応することとした（図表6-13）。

また，個社要望に対応したために，連結ベースでは重要でない残高の勘定科目が設定されて勘定科目数が増え過ぎることのないように，統一勘定科目の追加に関する金額基準を設定し，当該基準をクリアした科目のみ追加することとした。

【図表6-13】補助科目による個社要望対応

	勘定科目	補助科目
ルール	グループ共通 （主要会社のみ）	各社で 自由に設定可
コードの桁数	6桁	4桁

(c)　管理会計科目の追加

B社の新管理会計制度では事業ごとに連結P/L，B/Sを算定し，事業連結ROICを把握することを目指した。そのため，同じ会社内であっても異なる事業を跨る取引や事業間の費用振替などがあった場合，それらの取引は社内の事業間取引として計上する必要があった。これらの事業間取引は，事業別の決算数値（管理会計）にのみ反映し，会社単位の決算数値（財務会計）では相殺されている状態となるように，通常の外部との取引とは勘定科目を分けることとした。そこで財務会計で必要となる科目に加えて，社内売上，事業間振替費用，本社配賦費，事業資産などの管理会計特有の勘定科目を設定することになった。

また，運送費や業務委託費など一部の科目については，単体業績管理で分析上必要となる明細を統一勘定科目として設定した。一方，**事例１**で紹介したA社と同様に，管理会計上必要だが他の伝票項目で集計できる項目については勘定科目で持たない方針とし，勘定科目数の削減を図った。

(d) 実績用と予算用の勘定科目の関係

会計実績データは，制度会計でも管理会計でも共用するため，実績用の統一勘定科目は，上述のように制度会計・管理会計の双方の要件を加味して設定した。B社では，グループ標準の単体会計システムと予算編成システムを構築したが，単体会計システムには実績用の統一勘定科目体系に基づき勘定科目マスターを設定した。

一方，予算用の統一勘定科目体系は実績用とは別に設定した。実績用の勘定科目には予算管理上必要ない詳細な勘定科目も多いため，実績の勘定科目よりも数の少ない，粗い勘定科目体系とした。ただし，実績の勘定科目と予算の勘定科目はN対１の関係になるようにし，単体会計システムから予算編成システムにデータ連携することで，予算用勘定科目で予算実績対比ができるようにしている。

② 管理連結勘定科目の体系

B社では，新管理会計制度に対応するために，連結業績管理用の勘定科目を検討し，統一勘定科目体系の中に設定したが，管理会計の連結勘定科目は制度会計の連結勘定科目と比較して，主に以下の２点で異なる。

(a) 管理会計特有の勘定科目の追加

統一勘定科目体系と同様に，事業別の連結業績（ROIC）の算定のために，制度連結にはない管理連結特有の勘定科目（社内売上高，事業間振替費用，本社配賦費，事業資産など）を設定した。

(b) 制度会計より粗い粒度の勘定科目体系

事業別の連結業績は月次で管理することとしたため，四半期に１度である制度会計より高い頻度でグループ各社から情報を収集する必要があった。標準会計システムを導入するグループ会社では，会計システムから連結システムへのデータ連携時に，統一勘定科目から管理連結科目に自動組替することとした。一方，標準会計システムを利用しないグループ会社では，各社固有の勘定科目から管理連結科目に手作業で組み替える必要があった。そのため，標準システム非導入会社の業務負荷を考慮して，管理連結勘定科目は可能な限り数を減らして，粗い粒度とすることにした。

また，連結業績管理のために必要となる，予算や見込の勘定科目も実績と同じ粒度の勘定科目を設定することとした。

制度会計と管理会計の連結勘定科目の関係は，次頁の**図表6-14**のように関係付けた。

(4) 業務・システムのポイント

B社では業績管理の高度化を図るとともに，財務経理業務の効率化を図るため，グループ標準の会計システムを構築した。すでに述べたように勘定科目統一もシステム改修の対象会社と同一である。また，これらの会社についてはグループ標準の予算編成システムも導入し，予算編成・見込作成業務の効率化を図っている。

連結システムについては，B社が従来利用していた制度連結システムではパフォーマンス面や機能面の制約があるため，新たに制度連結システムとは別の管理連結会計システムを構築することにした。管理連結システムで事業別の実績・予算・見込の連結業績を算定し，必要となる業績管理レポートを出力することとした。第４章で説明したようなDWHやBIを用いたシステム構成は採用していない。

また，前項で説明したように，グループ標準の単体会計システム・予算編成システムを導入した会社は，前述のように単体会計システムから管理連結シス

【図表6-14】管理連結勘定科目体系イメージ

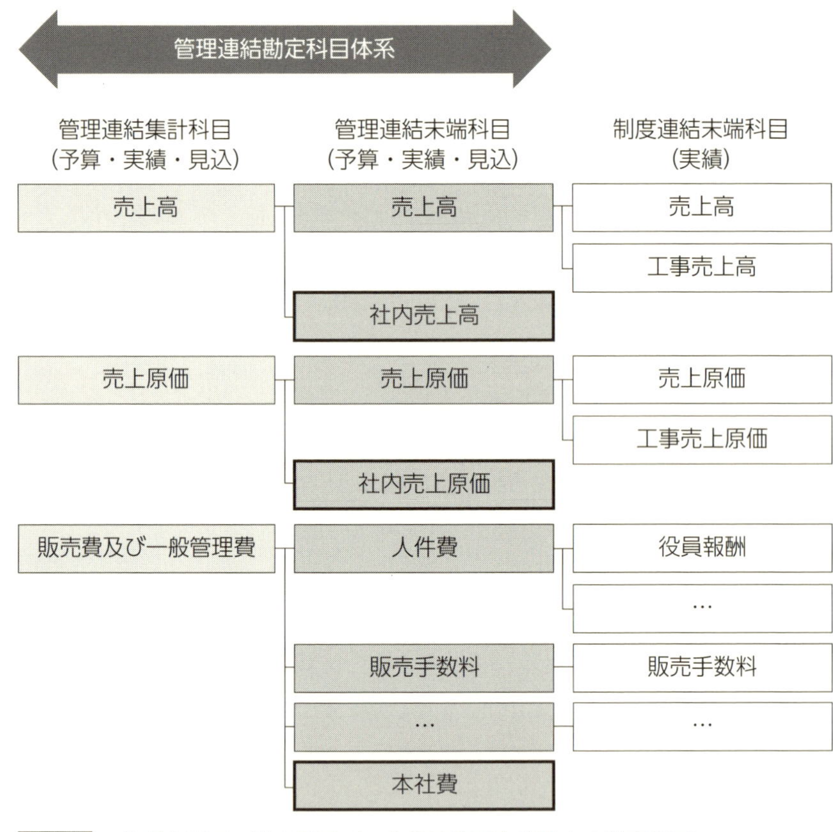

テムにデータを自動連携できるようにし，実績・予算・見込の収集・チェック業務負荷を大きく削減した。

一方，標準システムを導入していないグループ会社については，月次で実績と見込を，半期ごとに予算（年初予算，修正予算）を管理連結システムに手入力することになっている。入力する勘定科目数を絞り込んだとはいえ，未だに業務負荷が高い状態になっている点は将来解消すべき課題として認識されている。そもそも，標準システム非導入会社は小規模会社や非中核事業会社が多いのであるが，これら連結業績管理上の重要性の低い会社の業務負荷が管理連結科目の粒度，すなわち連結業績管理の精度を決めるうえでのボトルネックとなってしまっており，アンバランスな取組みとなってしまっている点は否定できない。

今後B社では，将来的にグループ標準システムの展開対象会社の範囲を徐々に拡大し，上記の課題解消に取り組むことを計画している。

【図表6-15】B社のシステム構成

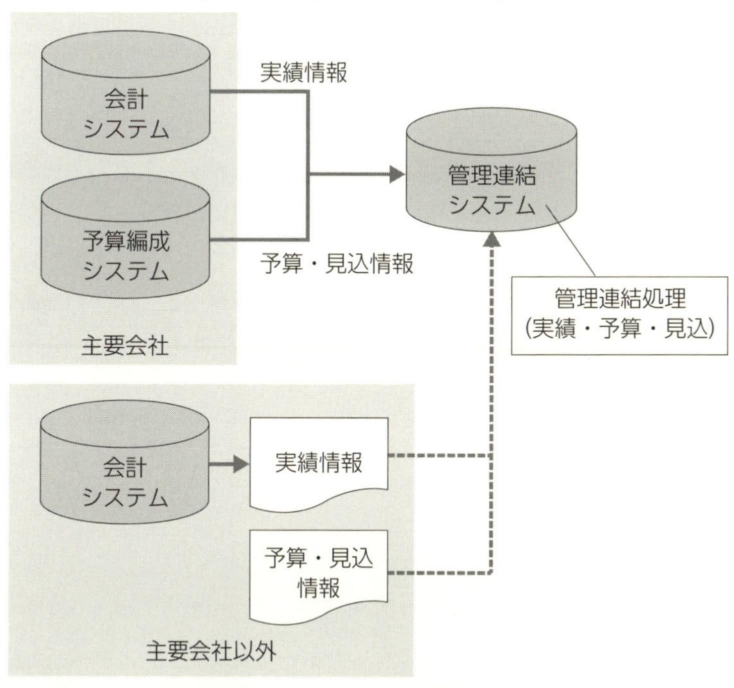

(5)　推進上のポイント

B社の事例は，グループ各社の統一勘定科目体系を検討する際に，初期の段階で個社固有科目は補助科目で設定するという方針を立てた点，個社要望により勘定科目を追加する際の基準をあらかじめ設定した点が特徴的である。これにより統一勘定科目の数を大幅削減し，以降も統一科目体系に反映させる個社要望を合理的に制限することが可能になった。

また，管理連結に関しては業績管理上で必要となる最低限の勘定科目を設定し，手作業で報告データを作成するグループ会社の業務負荷を考慮した勘定科目体系を設定したことポイントである。これにより各社の不満が抑制され，スムーズに各社展開することが可能になった。

(6) 勘定科目統一の効果

管理連結・予算連結・見込連結の勘定科目統一により，事業連結ROICに基づく連結P/L，B/Sの予実管理・見込管理が実現できるようになった。また，主要事業のグループ会社の単体会計システム・予算編成システムと管理連結システムの自動連携により，各社の報告業務の負荷削減が実現した。

さらに，管理連結システムの導入により，これまで手作業で実施していた管理連結業務がシステムで自動計算されるようになったため，連結業績の精度向上，親会社側の業務負荷削減も実現した。

事例３ 製造業Ｃ社における勘定科目統一

(1) 会社の概要

C社は日本，アメリカ，欧州，アジアに約50社の子会社を有し，３事業を展開するグローバル製造業である（図表６-16）。近年，海外展開を加速させるために欧州の販売子会社を買収した。グローバルビジネスの拡大戦略に合わせて，会計基準を日本基準からIFRSに変更した。

【図表６-16】 C社の概要

業　　種	製造業
売上規模	1,000億円以上
子会社数	約50社
事業の数	３事業

(2) 勘定科目統一の目的

① 勘定科目統一の背景と主な取組み

C社は，中期経営計画の基本方針として，①海外事業の拡大，②M&Aを含む積極的な投資，③グローバル展開を支える経営基盤の強化を掲げている。基本方針に従い，以下の目的を達成するために，会計基準のグローバルスタンダードとして広く世界に普及しているIFRSを導入することを決定した（図表６-17）。

・グループの会計方針を統一し経営基盤の強化を図る。

・資本市場における財務情報の国際的な比較可能性の向上を図る。

【図表6-17】勘定科目統一の背景と取組み

背　景	中期経営計画の基本方針に，①海外事業の拡大，②M&Aを含む積極的な投資，③グローバル展開を支える経営基盤の強化を掲げていた。基本方針に従い，以下の目的を達成するために，会計基準のグローバルスタンダードとして広く世界に普及しているIFRSを導入することが決定された。 ・グループの会計方針を統一し経営基盤の強化を図る ・資本市場における財務情報の国際的な比較可能性の向上を図る
取組み	・20○○年からのIFRS適用に向け，IFRS導入プロジェクトを立ち上げる ・IFRS導入プロジェクトでは，主に以下のスケジュールで進められることになった

主な取組みとスケジュール

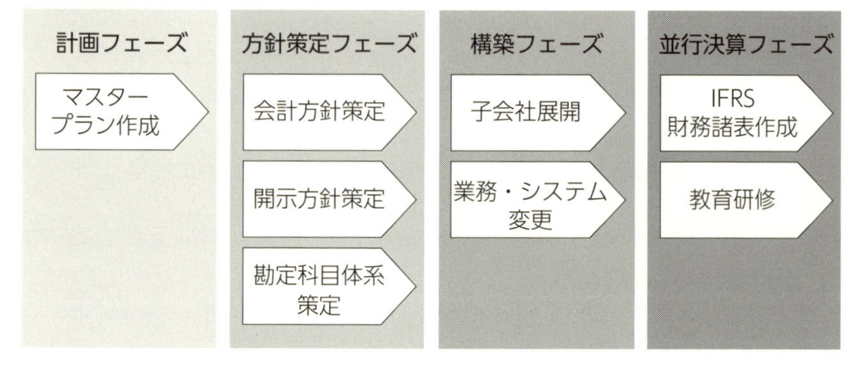

②　IFRS決算方法の検討

プロジェクトでは，IFRS導入後のグループ各社の決算方法について検討した。**図表6-18**にあるように，検討にあたっては，財務報告の信頼性確保の観点，経営管理に活用するIFRS会計データ整備の観点，システム対応コストや業務負荷の観点から，以下の３つの決算方法を検討した。

・方法１：複数元帳（パラレル記帳）：現地基準元帳とIFRS元帳の２つの元帳を持つ方法。

・方法２：仮想複数元帳（勘定区分）：元帳は１つで，勘定科目で日本基準とIFRSを分ける方法。

【図表6-18】IFRS決算方法と特徴

		方法1 複数元帳 （パラレル記帳）	採用* 方法2 仮想複数元帳 （勘定区分）	方法3 現地基準元帳 （組替仕訳）
内　容		現地基準元帳とIFRS元帳の2つの元帳を持つ方法。	元帳は1つで，勘定科目で日本基準とIFRSを分ける方法。	現地基準で記帳し，連結パッケージに入力する時点でIFRSに組み替える方法
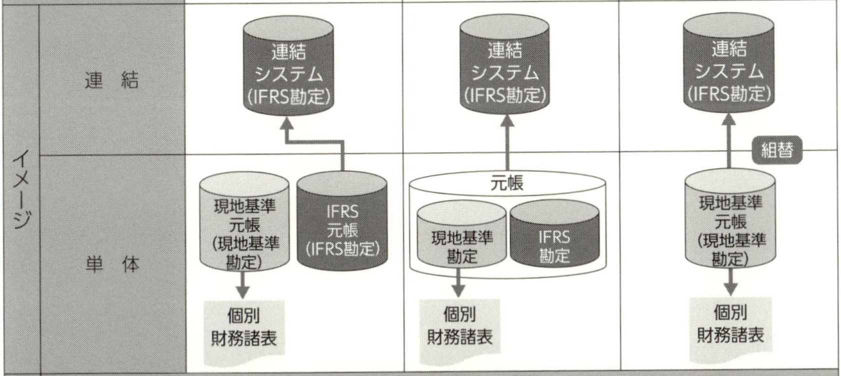 イメージ	連　結	連結 システム （IFRS勘定）	連結 システム （IFRS勘定）	連結 システム （IFRS勘定） 組替
	単　体	現地基準 元帳 （現地基準 勘定） IFRS 元帳 （IFRS勘定） 個別 財務諸表	元帳 現地基準 勘定 IFRS 勘定 個別 財務諸表	現地基準 元帳 （現地基準 勘定） 個別 財務諸表
特　徴	財務報告の信頼性確保の観点			
	IFRS知識のある者による基準選択・記帳	一般ユーザーにIFRS知識が必要	財務経理部のみがIFRS調整を行えば，一般ユーザーはIFRS知識が不要	一般ユーザーは現地基準でのみ記帳するためIFRS知識は不要
	基準別データの管理のしやすさ	元帳が分かれており管理しやすい	勘定科目の範囲選定で管理できる	システム外の組替データは管理しにくい
	経営管理に活用するIFRS会計データ整備の観点（ドリルダウン可能なデータ粒度）			
	保持するIFRSの会計データ	トランザクションレベル	トランザクションレベル（ただし，日本基準とIFRSの両勘定のデータの合計が必要）	勘定残高レベル
	システム対応コスト，業務負荷の観点			
	導入コスト	システム改修必要（コスト高）	システム改修必要（コスト低）	システム改修不要
	業務負荷	一般ユーザーの負荷は増える	財務経理部のみがIFRS調整を行えば，一般ユーザの負荷は増えない	一般ユーザーの負荷は増えない

*国内子会社のうち主要な子会社以外は，基準差の重要性や会社規模，システム対応コストを勘案して対象外とした（方法3を採用）。海外子会社は，米国を除き，基本的にIFRSを採用済みであったため従来どおりとし，複数基準対応はとっていない。

・方法３：現地基準元帳（組替仕訳）：現地基準で記帳し，連結パッケージに入力する時点でIFRSに組み替える方法。

３つの決算方法のイメージと特徴は，図表６-18のとおりである。

上記３つの方法について検討した結果，グループ経営管理の基盤強化のためには，グループ各社の会計情報が同一のルールで作成される状態を目指すということを重視しながら，システム対応コストなども勘案し，方法２：仮想複数元帳（勘定区分）が選択された。

なお，国内子会社のうち主要な子会社以外は，基準差の重要性や会社規模，システム対応コストを勘案して組替仕訳による対応を行うこととした。

海外子会社は，米国を除き，基本的にIFRSを適用済みであったため従来どおりとし，複数基準対応はとっていない。

③　勘定科目統一の目的

決定したIFRS決算方法に従い，日本基準または米国基準からIFRSに勘定科目体系を見直し，グループで勘定科目を統一することとした。また，グループ各社からは，単体科目からの組替作業が煩雑という意見があったことから，IFRS適用による勘定科目体系見直しを契機に勘定科目数を大幅に削減し，単体科目からの組替作業の効率化を図ることも目的とされた（図表６-19）。

【図表６-19】勘定科目統一の目的

IFRS決算方法
・グループ各社の単体決算をIFRSで実施する ・ただし，一部の国内子会社は，基準差の重要性および会社規模を勘案し，日本基準による単体決算を継続し，連結パッケージ作成時にIFRSへの組替え作業を行う

上記実現のための勘定科目の統一
・IFRSに従った勘定科目体系を整備する。 ・同時に，連結科目を見直し，グループ各社が行う単体科目から連結科目への変換業務の効率化を図る。

(3) 統一勘定科目体系のポイント

① 統一対象会社の絞込み

従来から単体決算においてIFRSを適用済みであった海外子会社は，グループ会計方針をIFRSに変更したとしても，変更による影響がなかったため，従来どおりの対応を継続することとし，引き続き単体会計システムから親会社収集科目への組替えを行うこととした。また，国内子会社のうち主要な子会社以外も，親会社収集科目への組替えを継続することとした。

一方，親会社，国内主要子会社および米国子会社は，IFRS決算方法を仮想複数元帳方式（勘定区分）にするため，システムを改修または切り替えることとし，単体会計システムにおいて，統一勘定科目を設定することとした（**図表6-20**）。

【図表6-20】統一対象会社の絞込み

国内	海外	日本	海外
親会社，主要子会社	米国子会社	主要子会社以外	米国子会社以外
仮想複数元帳対応のため システムを切り替えまたは改修		IFRSによる影響が僅少	従来からIFRSを採用

統一対象

統一対象外
(親会社収集科目への変換を継続)

② 統一階層の絞込み

米国子会社は現地固有の管理ニーズもあったことから，末端科目までの統一は行わず，親会社収集科目までの統一を行うこととした。一方，国内の主要子会社に関しては，すべて親会社と同じシステムに切り替える方針となっており，管理ニーズの違いも大きくなかったことから，末端科目まで統一することとした（**図表6-21**）。

【図表6-21】統一階層の絞り込み

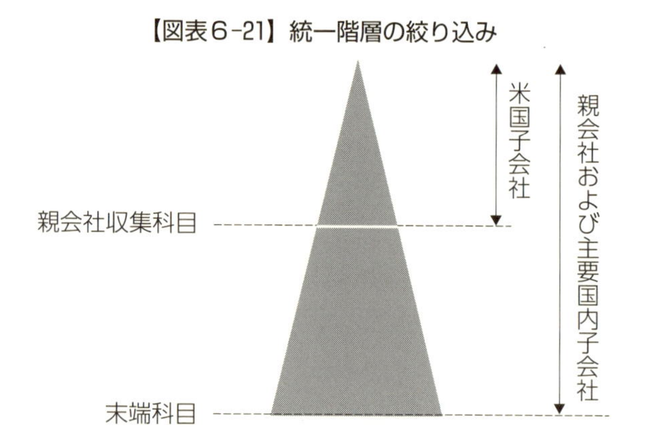

③ **統一勘定科目体系の策定にあたって検討した事項**

統一勘定科目体系の策定は，はじめに親会社で草案を作成した後，子会社へ展開するという進め方をとった。以下では，親会社で検討した事項について説明する（図表6-22）。

日本基準からIFRSベースのP/LやB/Sの体系に変更するということを主目的

【図表6-22】統一勘定科目体系の策定における検討の観点

検討の観点	内　容	例
IFRSによるB/S，P/Lの表示	B/S，P/Lをどのように表示するかを検討し，B/S，P/Lを作成するために必要な下位階層の勘定科目を設定する。	売上原価や販売費及び一般管理費の下位階層に減損損失の科目を設定する。
IFRS注記情報の収集	IFRSが要請する注記情報をグループ各社からどのように収集するか（勘定科目か，連結パッケージか等）を検討し，勘定科目で収集するとしたものについて，勘定科目を設定する。	有形固定資産に含まれるリース資産の種類別残高を注記するため，建物や機械装置等の種類別にリース資産の勘定科目を設定する。
IFRS調整仕訳の計上	グループ各社のローカル基準からIFRSへの調整仕訳を計上するために必要な勘定科目を追加する。	有給休暇引当金の勘定科目を設定する。

として，まずはIFRSの財務諸表をどのようにするかが検討された。その後，財務諸表の表示科目を踏まえて，下位階層の連結科目の検討が行われた。

次に，日本基準に比べて増加する注記情報をどのように収集するかが検討された。グループ各社から注記に必要な情報を連結パッケージで収集するか，勘定科目で収集するかを検討し，必要な勘定科目は設定するようにした。

さらに，IFRS調整仕訳を計上するために必要な勘定科目を追加で設定することとした。例えば，有給休暇引当金や有給休暇引当金繰入額のような勘定科目を追加するなどした。

なお，仮想複数元帳（勘定区分）をとり，末端科目まで統一することとした親会社および主要な国内子会社については，単体会計システムにおいて，IFRS用の勘定科目がどれかが勘定コードでわかりやすくするよう，勘定コードの先頭に“I”のアルファベットを付ける対応をとった。

親会社および主要な国内子会社が日本基準による決算書を作成する場合は，IFRS用の勘定科目以外の勘定科目を集計して，日本基準のB/S，P/Lを作成することとした。

⑷　勘定科目定義書の作成

IFRSベースの勘定科目体系の草案を決定した後は，勘定科目定義書を作成した。C社における勘定科目統一は，財務経理業務の標準化のためではなく，主としてグループ各社から収集する情報を統一することが目的であるため，勘定科目定義書には業務手順に関することや仕訳例などは付けず，勘定科目の定義を簡潔に記載していくこととした（図表6-23）。

⑸　グループ各社への説明

C社は，新しい勘定科目の説明のために，統一勘定科目体系および勘定科目定義書をもとにグループ各社への説明会を実施した。説明会は，勘定科目の統一を行わない子会社も，新しい勘定科目に対して，マッピングの見直しを実施してもらう必要があったことから，全社を対象とした。

【図表６-23】勘定科目定義書のイメージ

コード	名　称	内　　容
****	現金及び預金	・現金，小切手，および金融機関に対する預金（普通預金，当座預金，定期預金，外貨預金，別段預金）をいう ・定期預金は満期まで３か月以内のものに限る
****	受取手形	・営業取引により受け入れた手形債権。先日付小切手も含む
…	…	…

以下，説明会の中で，グループ各社から意見があった事項を以下で記載していく。

①　機能別P/Lか，性質別P/Lか

機能別P/Lとは，売上高や売上原価（製造費用），販売費，一般管理費などの機能別にP/Lを表示するものであり，性質別P/Lとは原材料費や人件費など費用を性質別に表示するものである（**図表６-24**）。

欧米系の子会社からは，機能別P/Lか性質別P/Lかの質問を受けた。C社は機能別P/Lを採用することを決定していたが，C社の勘定科目のうち販売費及び一般管理費の内訳科目には，販売手数料，減価償却費，研究開発費といった勘定科目が設定されていた。「販売費及び一般管理費」の内訳に「販売手数料」や「減価償却費」といった性質別科目と，「研究開発費」という機能別科目が混在していることがおかしいのではないかという指摘である。

子会社からの指摘はもっともである。C社は，「販売費及び一般管理費」という機能の下位階層には，内訳として性質別の勘定科目を設定するという考え方であったにもかかわらず，日本基準連結で使用していた研究開発費（機能別科目）を，そのまま残した状態であったため，一貫した考え方のもとでの勘定科目となっていなかったのである。C社は，子会社の指摘も踏まえ勘定科目を見直し，研究開発費は勘定科目で収集するのではなく，別途連結パッケージ（販売費及び一般管理費の勘定残高を，研究開発部門や販売部門などの部門別

【図表6-24】機能別費用と性質別費用

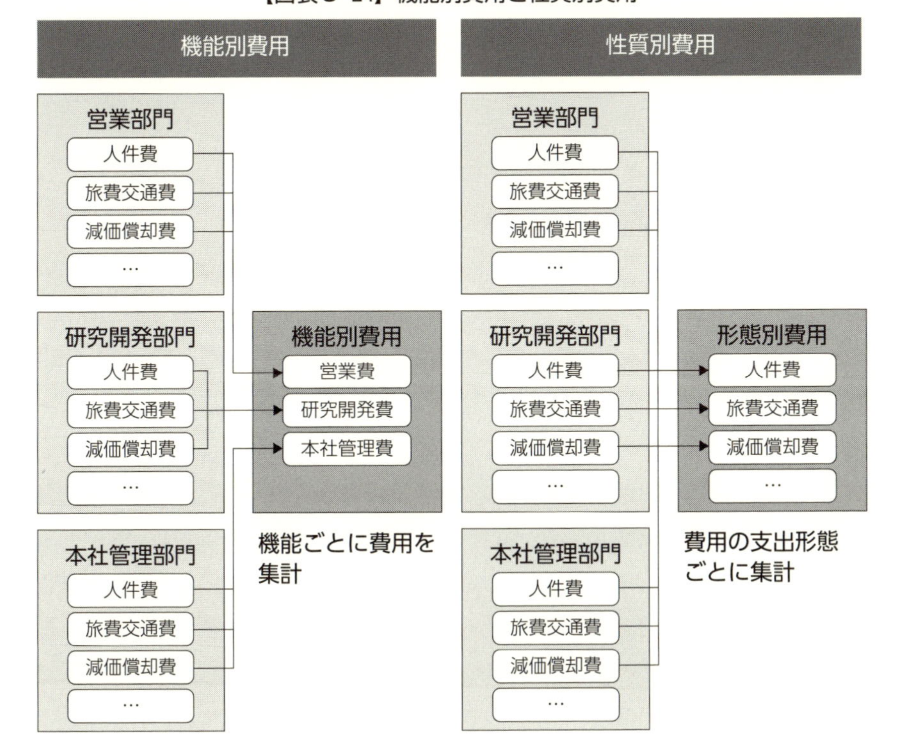

(機能別）残高に分解するフォーム）で収集することとした。研究開発費は年度末の注記情報として開示するためには必要な情報であったからである（図表6-25）。

② 売掛金と未収入金の違い

こちらも欧米系の子会社からよく受けた質問である。日本では商製品の販売により発生した債権は「売掛金」を使用し，サービス提供や本業以外の取引などから発生した債権は「未収入金」を使用していることが多いのではないだろうか。

一方，欧米系の会社は，必ずしもこのような区分をしているとも限らない。

【図表6-25】C社の勘定科目体系案

当初案

勘定科目	性質別/機能別
販売手数料	性質別
減価償却費	性質別
研究開発費	機能別
…	…

性質別と機能別が混在しており
統一されていない

修正案

勘定科目	性質別/機能別
販売手数料	性質別
減価償却費	性質別
研究用材料費	性質別
…	…

＋

研究開発費
収集フォーム

・販管費の内訳を性質別に統一
・研究開発費は別途連結パッケージから情報収集する

実際，C社の欧米系の子会社は，売掛金と未収入金はどちらも債権（Account Receivable）であって違いを設けていなかった。そのため，親会社への連結パッケージを作成する際に，両者を区分する業務が煩雑であり，必要なのかどうかという質問を受けた。

C社では，売掛金と未収入金とで回収サイトの違いから，債権の年齢分析・モニタリングを行うため，両者の残高を分けて把握をすることとしており，当該子会社にも同様の管理を要求するという考え方であった。そのため，子会社と協議のうえ，今後は当該子会社も両者を分けて管理していくこととし，勘定科目は変更することはなかった。親会社との協議後，子会社は売掛金と未収入金の科目を設けることとした。科目を設定した直後は，仕訳記帳業務が変更となり煩雑という声があったものの，すぐに定着した。むしろ，連結パッケージを作成する際のAccount Receivableの分解作業が不要となり業務が効率化された。勘定科目の統一を行っていく中では，このような違いも出てくることが多いと考えられる。

③　細分化された勘定科目の違いについて

子会社からは「会議費」と「交際費」の違いなど，細かく設定されている勘定科目の使い方がわかりにくいという意見も多く受けた。日本では法人税の申告調整において交際費を使用することから，細かく定義を定めていることが一般的であるが，連結においてもそのような区分が必要であるかどうかは再考の余地があると考える。C社では，連結で「会議費」と「交際費」を分けて管理する必要性は乏しかったため，両者を区分せずに「会議交際費」として１つの勘定科目に集約することとした。

(6)　取組みの効果

以前は，勘定科目定義書も作成されておらず，グループ各社は，それぞれの判断により単体会計システムから親会社収集への組替作業を行っていたことから，子会社により勘定科目の使用方法が異なるというケースも散見された。勘定科目統一後は，勘定科目定義書に基づいてマッピングにより親会社収集科目へ組替えを行う会社も含め，グループ各社で勘定科目の使用方法が異なるといったことがなくなり，かつIFRSというグループの会計方針も統一されたことから，親会社が収集する会計情報が均質となり，グループ経営管理の基盤を整備することができた。

また，C社は，IFRS導入後，欧州の企業を買収した。被買収企業において，会計システムを導入する際，どのような勘定科目にするかが検討されたが，統一勘定科目体系や勘定科目の定義書があったことから，被買収企業はC社の勘定科目体系を基本的にそのまま取り入れることとした。

被買収企業が欧州の企業であり，IFRSベースの勘定科目体系が適していたこと，連結パッケージ作成時に組替作業を検討する必要もないことからスムーズに受け入れられた。

勘定科目の統一以前に買収を行った際には，被買収企業から勘定科目についての問い合わせがあり，問い合わせのたびに説明に苦労していたそうである。欧米企業は，勘定科目が会計情報の中核をなす重要なものであるという考え方を持っている。このような欧米企業に対しても，自社グループの統一勘定科目やその定義書があることによって，スムーズな受入態勢ができたといえる。

事例4 サービス業D社における勘定科目統一

(1) 会社の概要

D社は国内を中心に100社以上の子会社を有し，サービス業を中心に4つの事業を展開している企業グループである（図表6-26）。

【図表6-26】D社の概要

業　種	サービス業
売上規模	1兆円以上
子会社数	100社以上
事業の数	4事業

(2) 勘定科目統一の目的

D社は，100社以上の国内子会社を有しているが，各社の会計システムや財務経理業務は統一されておらずバラバラであり，グループ全体の業務の品質や効率性に懸念を持っていた。そうした中，D社の単体会計システムの保守期限を迎えることを契機として，国内子会社を対象に共通の会計システムを導入することを決定した。そして，共通会計システムの導入に合わせて，それまで統一されていなかった国内子会社の財務経理業務を標準化し，経理人材のグループ内ローテーションを実現するとともに，将来的にはシェアードサービスセンター（以下，SSC）を設立することで財務経理業務の効率化を行うという取組みが行われることになった（図表6-27）。

このような取組みを受けて，経理財務業務の標準化のために勘定科目の統一が行われることとなった。

【図表6-27】勘定科目統一の背景と取組み

背　景	・国内子会社の財務経理業務や会計システムは，各社バラバラで，グループ全体の業務の品質や効率性に懸念を持っていた。 ・こうした中，親会社の会計システムの保守期限を迎えることを契機として，国内子会社を対象に，共通会計システムを導入するとともに，財務経理業務の標準化を行うことで，以下を達成するという取組みが行われた。 ①　財務経理業務の標準化を行い，将来的にSSCを設立することによる効率化の実現 ②　業務標準化による経理人材のグループ内活用促進
取組み	・経理財務業務の標準化 ・共通会計システムの導入

(3)　統一勘定科目体系のポイント

①　対象会社の範囲

D社は，数年をかけて，海外を除く国内子会社を対象に共通の会計システムを導入し，SSCを設立する計画を立てていた。勘定科目の統一は，国内子会社の財務経理業務を標準化のためには必須の手段であることから，統一の範囲はすべての国内子会社を対象とした。なお，共通会計システムの導入タイミングに合わせて順次，勘定科目も統一していく方針とした。

②　統一勘定科目体系の特徴

D社グループは４つの事業を展開しており，事業の違いなどから各社で異なる管理ニーズがあった。したがって，勘定科目体系の中で，全事業が共通で使用する科目をグループ共通科目とし，共通科目の下位階層は，事業自由領域を設け，事業別に固有のニーズに応じて科目を設定できるような勘定科目体系を策定する方針とした。

決定した方針に基づく，勘定科目体系は，**図表6-28**のとおりである。なお，導入予定の共有会計システムにおける勘定コードの桁数が10桁であったため，グループ共通科目で６桁を使用し，下４桁は事業自由領域としている。

【図表6-28】勘定科目体系

グループ共通科目								事業自由領域	
大区分コード		中区分コード		小区分コード		共通科目コード		事業共通科目コード	
1桁		1桁		2桁		2桁		4桁	
1	流動資産	17	その他流動資産	1701	立替金	170101	立替金	1701010100	役員
								1701010200	…
				1702	仮払金	170201	出張旅費	1701020100	国内
								1701020200	海外
						170202	税金	1701020100	源泉税

グループ共通科目	大区分	流動資産，固定資産，繰延資産，流動負債，固定負債，純資産など，大区分で集計する階層
	中区分	性質別に集計する階層
	小区分	試算表レベルで集計する階層
	共通科目	グループ共通で使用する科目
事業自由領域	事業共通科目	グループ共通科目を，さらに各社固有のニーズにより細分化した科目

(4) 勘定科目統一の進め方

D社は，統一勘定科目体系を策定するにあたり，「①現状分析」→「②統一勘定科目体系の原案策定」→「③主要子会社展開」→「④その他の子会社展開」のアプローチで進めることとした。

① 現状分析

D社は，まず親会社および主要子会社を対象に，現在使用している勘定科目を収集し，各社横並びで勘定科目の比較表を作成した（図表6-29）。また，勘定科目統一を行うにあたっての親会社の管理ニーズを整理した。

現状分析の目的は，グループ各社がどのような勘定科目や階層構造を持っているか，会計システム以外のシステムからインターフェイスしている勘定科目はどのようなものがあるか等を把握することで，共通性，特殊性，重要性を把

【図表6-29】勘定科目の比較表

連結科目		A事業　X社				…
コード	科目名称	コード	科目名称	金額	特徴	…
******	商製品売上高	*********	●●売上	×××	×××	…
		*********	○○売上	×××	×××	…
******	役務収益	*********	▲▲収入	×××	×××	…
		*********	△△収入	×××	×××	…

握すること，個社の管理ニーズを整理し，勘定科目体系原案の策定の基礎とすることである。

勘定科目の比較を行う際は，図表6-29のように，連結科目と対応する各社の末端の勘定科目とをマッピングしたうえで，各社が管理上のニーズからどのような勘定科目を持っているのか，金額的な重要性はどれほどかなどを調べ，事業ごとの違いがあるもの，全事業共通性があるものなどを調査した。

②　統一勘定科目体系の原案策定

現状分析で整理した内容をもとに，統一勘定科目体系の原案を策定した。原案策定にあたっては，経理部や企画部メンバーが中心となって検討が行われた。原案策定後，勘定科目にコードを割り当て，勘定科目体系を策定した。

コード策定に際しては，将来的に勘定科目を追加することも考慮し，コードの採番方法には余裕を持たせるようにした。例えば，小区分コードや共通科目コードのような2桁が与えられている場合，基本的な採番ルールは10番間隔とし，これに採番対象項目が収まりきらない場合は，間隔を「5」「3」「1」と減らしていくこととした。また，立替金（その他）のような「その他」の科目は「90」を付すこととした（図表6-30）。

【図表6-30】勘定科目の採番例

小区分	共通科目	採番コード	
その他流動資産	短期貸付金	xxxx10	10番間隔※
	未収入金	xxxx20	
	未収収益	xxxx30	
	未収還付法人税等	xxxx40	
	短期繰延税金資産	xxxx50	
	未収消費税等	xxxx60	
	前払費用	xxxx70	
	立替金	xxxx80	
	その他流動資産	xxxx90	その他は90番

※：採番対象項目が収まりきらない場合は，間隔を「5」「3」「1」と減らしていく。

売上原価と販売費及び一般管理費の双方に設定されるような「給与」等の勘定科目については，勘定科目コードを使用した経理業務を行いやすくするため，勘定コードの下4桁に同一コードを付与するルールとした（**図表6-31**）。

【図表6-31】売上原価と販売費及び一般管理費の共通性

売上原価 62****		販管費 63****	
小区分＋共通科目	勘定科目名称	小区分＋共通科目	勘定科目名称
5010	給与（売上原価）	5010	給与（販管費）
5020	賞与（売上原価）	5010	賞与（販管費）

統一勘定科目体系の原案を策定した後は，統一勘定科目体系と現状分析で収集した子会社の勘定科目とのマッピング表を作成し，勘定科目統一にあたって課題となる事項を抽出した。

課題を抽出するにあたっては，統一勘定科目と子会社の勘定科目との関係を次のように分類した。次の分類は，統一勘定科目と子会社の勘定科目の勘定科目数の関係を示している。

・1対1：一致（課題なし）
・1対N：子会社における勘定科目を集約し，統一勘定科目との関係を一致させる。子会社における管理上のニーズから，現状の子会社の勘定科目が必要な場合は，事業自由領域において，現状N個に分かれている勘定科目を設定する。
・N：1：子会社において勘定科目を追加するか，勘定科目を分割し，統一勘定科目との関係を一致させる。
・N対M：子会社における現状の勘定科目体系を見直し，統一勘定科目体系との関係を一致させる。例えば，親会社の売上に関係する科目は，売上高，売上値引，売上割戻であるのに対し，子会社は商品売上高，サービス売上高のような場合，子会社の勘定科目を親会社の勘定科目に合わせるように設定する。

③　主要子会社展開

策定した勘定科目体系の原案および課題整理結果をもとに，主要子会社と協議を行い，統一勘定科目の受入可能性や追加要望などをヒアリングし，勘定科目体系を最終化した。

④　その他の子会社展開

策定した勘定科目体系は，共通会計システムの導入タイミングに合わせて，順次その他の子会社にも展開していく計画であった。共通会計システムが導入されるまでの間は，単体会計システムから新勘定科目へのマッピング表を作成し，親会社への報告時に新勘定科目に組み替える対応をとった。

(5)　勘定科目統一の効果

D社は国内子会社に共通会計システムを導入するというプロジェクトを進めているところではあるが，統一した会社では，財務経理業務の標準化が行われている。そして，SSCを設立し，標準化を行った業務についてSSCに集約し，グループ全体としての財務経理業務の効率化が行われている。また，標準化を行ったことで，経理人材の流動化の土台作りが行われ，今後，グループ内でのローテーションが検討されている。

Column ⑥

勘定科目の見直し例

勘定科目について一度定義・運用ルールを決定し，使用を開始した後は，日常業務の中で仕訳記帳を行う際などにおいて，特段勘定科目について深く考えることはあまりない。しかし，会計システムを入れ替える際などに，自社の勘定科目，およびその勘定科目で処理する取引について深く考えると「この処理はこの勘定科目でいいのだろうか」「もっといい勘定科目はないのだろうか」などという疑問が出てくることがある。この疑問を契機に勘定科目そのものや使用方法を見直すことがあるが，実際に各社が悩み，工夫を行った勘定科目の見直し結果例を以下に紹介する。

[勘定科目の見直し例]

No.	項　目	課　　題	見直し結果
1	人件費分析①	人件費を分析したいが，人員区分別の情報が不完全で，どの区分の従業員にコストがかかっているかの把握ができない。	役員・正社員・派遣社員・嘱託・パートなどの区分を費目別に追加し，人員区分別の情報を把握可能とした。
2	人件費分析②	派遣費用は業務委託費の中に含まれており，業務委託費の補助科目扱いとなっている。 現状は経費として管理されているが，人件費として考えたい。	派遣費用という勘定科目を新設し，また補助科目を受け付け，レジ打ち，営業事務，荷捌きなどの業務ごとに設定し，派遣社員にかかる人件費および内訳を把握可能とした。
3	人件費分析③	人件費の給料に関して，基本給と残業手当等の区分がされておらず，人件費の変動固定分解ができない。	グループ全体で，補助科目で基本給と残業手当等の区分を行い，人件費構造の可視化を実現可能とした。
4	旅費交通費分析	旅費交通費を無駄に使用しているのではないか(例えば過度なタクシー利用)との懸念があるが，旅費交通費勘定ですべて処理・報告されており，旅費交通費の詳細が不明で内容把握・分析ができない。	管理したい項目ごとに勘定科目や補助科目を設定し，旅費交通費内訳の可視化を実現した。 例： 国内旅費と海外旅費で勘定科目を分ける。 国内旅費について勘定科目もしくは補助科目でタクシー代とタクシー以外で分ける。もしくはタクシー代，飛行機代，電車代などより詳細に分ける。

No.	項目	課題	見直し結果
5	システム保守・運用費	システム関連の費用が増加してきているが，保守契約料は消耗品費，クラウド使用料は支払手数料，改修費用は修繕費など，処理される勘定科目がバラバラであり，システム保守・運用費用総額の把握が困難な状況で集計把握に手間が掛かっている。	システム保守・運用費という勘定科目を新設し，かつ，補助科目に「保守契約」，「クラウド使用料」，「改修」などの管理したい項目を設定することでシステム保守・運用費用を勘定科目レベルで把握可能とした。
6	決算，税務処理の効率化	決算業務（期末，四半期）や税務調整作業を効率的に実施するための勘定科目が設定されておらず，集計の手間が発生している。	連結キャッシュ・フロー計算書・月次報告書・税務申告書作成に必要な情報に対応した勘定科目を作成し，業務効率化を実現した。 例： 定期預金（3か月超/内），設備未収入金/未払金，未払法人税等(外形標準課税)，賞与引当金繰入(月次決算用)，交際費（損金算入/不算入）。
7	原価差異分析	原価差異の明細区分にグループ各社でバラツキがあり，横並びでの比較ができない。 例： 親会社では直接労務費に関する原価差異を賃率差異と作業時間差異で分けて管理しているが，子会社A社では分けておらず直接労務費差異として総額でのみ把握可能。	原価差異の明細区分をグループで統一したうえで，明細区分に応じた勘定科目を設定し，原価差異を明細区分別にグループ統一で可視化した。
8	使用されていない・使用しにくい科目の見直し	車両関係に関する費用として「車輌費」があるが，ガソリン代は燃料費，フォークリフトのリース費用はリース料で処理されており，車輌費で処理すべき費用の範囲が不明確であり，また担当者によって使用科目が異なっている。	(A社) 車輌費勘定を廃止した。 (B社) 車輌費で処理すべき費用を勘定科目定義書の中で再度明確にし，使用方法をグループで統一した。
9	勘定科目コードの採番	会計基準変更，事業や管理要望の追加・変更に伴い，勘定科目が継ぎ足しされており，結果として，勘定科目の並び順に規則性がなくなり，体系的に理解しづらい。	勘定科目コードは，今後の追加（細分化）の可能性を考慮して，一定間隔の飛び番号で採番し，将来的な追加の際も規則性を維持することを可能とした。

【監修者紹介】

公江　祐輔　パートナー，公認会計士

1995年，朝日監査法人（現 あずさ監査法人）入所後，大手製造業，総合商社の会計監査のほか，システム監査，ERP導入，上場準備企業のシステム化基本構想策定業務等に従事する。KPMGロンドン事務所駐在を経て，大手電機メーカー等の監査責任者として会計監査業務に従事するとともに，内部統制構築，決算早期化，IFRS導入，連結経営管理高度化など，企業の経理財務機能の効率化・高度化に係る多数のアドバイザリー業務に従事している。

【執筆者紹介】

吉田　圭吾　ディレクター，公認会計士

今村　英祐　マネジャー

岩佐　誠　マネジャー，公認会計士

近藤　佳史　マネジャー

宝角　知宏　マネジャー，公認会計士

山根　一展　マネジャー，公認会計士

【レビュー担当】

鳥生　裕　パートナー，公認会計士

山本　浩二　マネージング・ディレクター，公認会計士

中濵　精一　ディレクター，公認会計士

【編者紹介】

KPMG／あずさ監査法人

KPMGは，監査，税務，アドバイザリーサービスを提供するプロフェッショナルファームのグローバルネットワークです。世界153の国と地域のメンバーファームに207,000名の人員を擁し，サービスを提供しています。
KPMGネットワークに属する独立した個々のメンバーファームは，スイスの組織体であるKPMG International Cooperative（“KPMGインターナショナル”）に加盟しています。KPMGの各メンバーファームは，法律上独立した別の組織体です。

有限責任 あずさ監査法人は，全国主要都市に約6,000名の人員を擁し，監査や保証業務をはじめ，IFRSアドバイザリー，アカウンティングアドバイザリー，金融関連アドバイザリー，IT関連アドバイザリー，企業成長支援アドバイザリーを提供しています。
金融，情報・通信・メディア，パブリックセクター，消費財・小売，製造，自動車，エネルギー，ライフサイエンスなど，業界特有のニーズに対応した専門性の高いサービスを提供する体制を有するとともに，4大国際会計事務所のひとつであるKPMGインターナショナルのメンバーファームとして，153ヵ国に拡がるネットワークを通じ，グローバルな視点からクライアントを支援しています。

KPMG／あずさ監査法人　アカウンティングアドバイザリーサービス

KPMG／あずさ監査法人　アカウンティングアドバイザリーサービスは，企業が直面する財務・会計領域における様々な課題の解決に向けて，財務戦略・会計基準，経営管理高度化・業務改善，およびM&A・事業再生領域を中心に，CFOおよび経理財務部門が抱えるニーズに対して，One Stopのソリューションを実現します。
世界各国の主要拠点に配置しているKPMGネットワークとの連携により，グローバルなサポートを提供し，各種海外拠点のロールアウトを効率的に支援します。

勘定科目統一の実務

2019年7月25日　第1版第1刷発行
2021年12月30日　第1版第2刷発行

編　者　KPMG／あずさ監査法人
アカウンティングアドバイザリーサービス
発行者　山　本　継
発行所　㈱中央経済社
発売元　㈱中央経済グループ
パブリッシング
〒101-0051　東京都千代田区神田神保町1-31-2
電話　03（3293）3371（編集代表）
03（3293）3381（営業代表）
https://www.chuokeizai.co.jp
印刷／㈱堀内印刷所
製本／㈲井上製本所

＊頁の「欠落」や「順序違い」などがありましたらお取り替えいたしますので発売元までご送付ください。（送料小社負担）
ISBN978-4-502-28221-8　C3034